¿CREES LA BIBLIA

EL
CAMINO HACIA
una VIDA
AUTÉNTICA

O VIVES LA BIBLIA?

TEOLOGÍA APLICADA

MIGUEL NÚÑEZ

¿CREES LA BIBLIA

EL CAMINO HACIA *una* VIDA AUTÉNTICA

O VIVES LA BIBLIA?

TEOLOGÍA APLICADA

MIGUEL NÚÑEZ

Vida

La misión de Editorial Vida es ser la compañía líder en satisfacer las necesidades de las personas con recursos cuyo contenido glorifique al Señor Jesucristo y promueva principios bíblicos.

¿CREES LA BIBLIA O VIVES LA BIBLIA?
Publicado por Editorial Vida – 2025
Nashville, Tennessee.

Edición y diseño interior: *Interpret the Spirit.*

ISBN: 978-0-84991-947-3
eBook: 978-0-84991-957-2
Audio: 978-0-84991-958-9

Número de control de la Biblioteca del Congreso: 2024950256

CATEGORÍA: Religión / Vida Cristiana / Crecimiento espiritual

IMPRESO EN ESTADOS UNIDOS DE AMÉRICA
PRINTED IN THE UNITED STATES OF AMERICA

24 25 26 27 28 LBC 5 4 3 2 1

CONTENIDO

1

QUE EL EVANGELIO SEA TU PIEL Y NO UN UNIFORME

Tú crees que Dios es uno. Haces bien; también los demonios creen, y tiemblan. **Santiago 2:19**

En una ocasión, el pastor rumano Richard Wurmbrand, que estuvo en la cárcel 14 años por oponerse al régimen comunista de su país, le preguntó al muy conocido pastor norteamericano, Kent Hughes, "Are you a Bible-believing church or a Bible-living church? (¿Son ustedes una iglesia que cree en la Biblia o una iglesia que vive la Biblia?).[1] Creer la Biblia es una cosa; vivirla es otra muy distinta. A simple vista, no debiera haber diferencias entre ambas preguntas; sin embargo, mucha gente que dice creer la Biblia, cree pasajes de la Biblia de manera selectiva y, así mismo obedece, en mayor o menor grado, los mismos pasajes que dice creer. Creo que la iglesia de Occidente, en gran manera, se ha acostumbrado a ser una iglesia que cree la Biblia de manera selectiva más que una iglesia que vive la Biblia.

Lo cierto es que lo que no vivo, aún no lo creo del todo. Podemos afirmar mentalmente un concepto sin estar convencidos de aquello que acabamos de afirmar. A manera de ilustración, permítanme usar un ejemplo: un paciente diabético podría afirmar que la elevación de la glucosa por encima del rango de normalidad es perjudicial para la salud. Sin embargo, como no es médico, no comprende qué tan dañino es,

---

[1] Kent Hughes, Acts, *The Church Afire* (Wheaton: Crossway, 1996), Kindle version, Loc. 781.

con qué frecuencia ocurre el daño, qué tan severo puede ser dicho daño. Al no entender las implicaciones, termina descuidando su dieta y el uso de sus medicamentos. Esa persona afirma algo que dice conocer, pero su falta de conocimiento de otros aspectos hace que, en algunas ocasiones, se mantenga dentro del régimen alimenticio y medicamentoso, sobre todo días antes de ir al médico. Pero lo hace de manera intermitente, porque verdaderamente no ha llegado a creer que la hiperglucemia (glucosa alta) es perjudicial para la salud, y termina racionalizando su comportamiento descuidado.

En la vida cristiana ocurre algo similar. Muchos afirman que para ser salvo es necesario creer en Jesús y dicen creer en Él porque creen en su existencia, en su encarnación y en su oferta de perdón en la cruz, sin estar persuadidos de que creer, de acuerdo con Jesús, implica obedecer, como vemos en este versículo: "El que *cree* en el Hijo tiene vida eterna; pero el que no *obedece* al Hijo no verá la vida, sino que la ira de Dios permanece sobre él" (Jn 3:36, énfasis añadido). ¿Notaste cómo Jesús relaciona la palabra creer con la palabra obedecer? Por eso, muchas personas se comportan como cristianos de forma intermitente; expresan una opinión acerca de Jesús, pero carecen de la convicción suficiente para experimentar una transformación de vida. Por tanto, su fe es llevada a lo largo de su vida como un uniforme que la persona usa en los momentos de necesidad. Es como quien va a la playa a "dorar" su piel para exhibir el nuevo tinte, sabiendo que este desaparecerá en unos días. Algo muy distinto ocurre con la persona que ha perdido su piel por una quemadura y ahora recibe un nuevo injerto de piel que llevará toda su vida y que exhibirá en todos los lugares (ver 2 Co 5:17).

Quizás algunos, o muchos, quisieran saber cómo llevar su fe de forma similar, de manera permanente; pero no saben cómo hacerlo, ni saben cómo luce un cambio permanente.

La idea de este libro es llevar al lector a descubrir cómo luce un verdadero creyente; cómo se llega a creer para una transformación permanente, de forma que el evangelio pueda ser tu piel y no un uniforme. Es mi deseo que Dios use la lectura de este libro para que descubras el camino hacia una vida auténtica. La autenticidad de la que hablamos es un caminar en obediencia de manera genuina.

Ciertamente, la obediencia es batallar contra los deseos de la carne opuestos a los del Espíritu (Gá 5:17). En la historia de la iglesia, todos los cristianos hemos tenido que luchar en contra del pecado, ya que la naturaleza humana, después de la caída, está inclinada al mal. Sin embargo, una cosa es librar la batalla esforzándonos por aplicar la palabra de Dios dependiendo del Espíritu, y otra muy distinta es acomodarnos a la idea de que tenemos una lucha que es parte de nuestra vida en este mundo y disfrutar de los placeres de la carne, tomándonos ciertas libertades para pecar porque "al final, la carne es débil". Así piensan muchos para justificar sus debilidades. Ciertamente, esta frase salió de los labios de Jesús en el huerto de Getsemaní. Pero no podemos olvidar que la frase fue pronunciada por el Maestro como una advertencia contra el pecado, no como una licencia para pecar. Jesús pronunció esas palabras la noche en que libraba una batalla espiritual hasta sudar gotas de sangre. Él llegó con el grupo de los discípulos al huerto, pero luego avanzó un poco, tomando consigo a Pedro y a los dos hijos de Zebedeo, y "comenzó a entristecerse y a angustiarse". Jesús les pidió a estos tres hombres que se quedaran en aquel lugar y que velaran junto a Él. Jesús se adelantó un poco más y, de rodillas, oró. Luego de orar, "Entonces vino Jesús a los discípulos y los halló durmiendo, y dijo a Pedro: «¿Conque no pudieron velar una hora junto a Mí? Velen y oren para que no entren en tentación; el espíritu está dispuesto, pero la carne es débil»" (Mt 26:40-41). Esta frase fue más bien una advertencia, como dijimos, pronunciada en el contexto de una represión.

En esta carta, Santiago tiene mucho que decirnos de cómo ganar la batalla contra la carne, utilizando la sabiduría divina y recordándonos que debemos tener por sumo gozo cuando nos encontremos en diferentes pruebas, porque a través de ellas, Dios forma nuestro carácter (Stg 1:2-4). Al mismo tiempo, si queremos salir victoriosos, no podemos ser personas de doble ánimo, porque Dios no bendice esa disposición de espíritu (Stg 1:6-8). Santiago nos anima, desde el inicio de su carta, a pedir sabiduría de lo alto y a pedirla con fe. Como autor de la carta y con la experiencia adquirida, Santiago nos deja ver cómo opera la tentación y cómo debemos responder, si queremos triunfar sobre el pecado en el poder de Su Espíritu.

Creo que no hay ningún otro libro o carta del Nuevo Testamento que enfatice tanto la necesidad de vivir una vida de obediencia como lo hace Santiago. Esta epístola es eminentemente práctica, dejándonos ver con claridad cómo debe vivir un cristiano que conoce a su Dios, ama su palabra y se ha sometido al señorío de Cristo. El énfasis que Santiago pone en este aspecto ha llevado a muchos a juzgar al autor de la carta de forma errónea, acusándolo en ocasiones de enfocarse en una salvación obtenida por medio de las obras, en vez de una salvación por gracia a través de la fe (Ef 2:8-9).

Un análisis detallado del contenido de esta epístola nos permite ver que el énfasis de Santiago no está en cómo una persona puede llegar a ser salva, sino más bien en demostrar que una fe que lleva a la salvación del creyente debe producir una genuina obediencia continua, que no es lo mismo que una obediencia perfecta, ya que esto es una imposibilidad. Como solo Cristo vivió una vida de obediencia perfecta, las inconsistencias observadas en la vida del cristiano van siendo corregidas en el poder del Espíritu (Gá 5:25); pero esas debilidades no ejercen señorío sobre el creyente, porque ya el pecado no nos controla. Pablo lo dijo de esta manera: "Todas las cosas me son lícitas [...] mas yo no me dejaré dominar de ninguna" (1 Co 6:12, RVR1960). "Dominio" es una palabra clave, porque se refiere a quién tiene señorío o autoridad en nuestra vida. En última instancia, se trata de quién es verdaderamente nuestro Señor: ¿somos nosotros mismos o es Cristo? ¿Permitiré que mis deseos carnales gobiernen mi vida, o dejaré que la pasión por Cristo y su voluntad sean lo que me guíe? La lucha contra el pecado siempre estará presente, pero el triunfo o la derrota dependen de si cedemos el control de nuestra vida a Cristo o resistimos su señorío. Santiago subraya que la vida del pueblo de Dios, tanto en conjunto como individualmente, debe ser radicalmente diferente de la vida del resto del mundo. Los siguientes datos no solo llaman la atención, sino que son profundamente preocupantes:

"La incidencia de la cosmovisión bíblica ha disminuido con cada una de las últimas cinco generaciones. Durante ese tiempo, la incidencia de adultos que tienen una cosmovisión bíblica se ha desplomado del 12 % al nivel actual del 4 %".

En otras palabras, solo 4 personas de cada 100 ven el mundo y la vida de una manera congruente con lo revelado en la Biblia. "Los datos del *American Worldview Inventory 2024* (Release #3) muestran un cambio dramático en la moral, como vemos más abajo:

- La mayoría de los adultos consideran moralmente aceptables la mentira, el aborto, las relaciones sexuales consensuales entre adultos solteros, el matrimonio entre personas del mismo sexo y el rechazo de la verdad moral absoluta.
- Menos de la mitad de los adultos consideran la Biblia como su guía principal para la moralidad. Solo una minoría cree que cada decisión moral tiene el poder de honrar o deshonrar a Dios.
- Una notable minoría de adultos acepta la idea de que, mientras no se cause daño, es permisible hacer cualquier cosa que se desee".[2]

Menciono todo lo anterior porque vivimos de acuerdo con la cosmovisión que poseemos. Si la cosmovisión de los cristianos es incongruente con la Biblia, esto explica por qué varios estudios hechos en los últimos 20 años han demostrado que el estilo de vida de cristianos y no cristianos en Estados Unidos es muy similar.

El título de este libro podría intimidar a muchos lectores, pero refleja una gran verdad. El título vino a mi mente al leer el versículo que aparece en Santiago 2:19, "Tú crees que Dios es uno. Haces bien; también los demonios creen, y tiemblan". Con estas palabras, el autor de la carta nos recuerda que la vida cristiana exige pasar de las palabras a los hechos; hasta que eso no ocurra, no podemos estar seguros de que realmente creemos lo que afirmamos. Según la cita de Santiago, los demonios creen lo mismo que tú. Si lo único que te distingue del mundo son tus creencias, no te sientas tan seguro, porque tanto los demonios como nosotros compartimos las mismas doctrinas fundamentales

---

[2] George Barna, *American Worldview Inventory 2024* (Release #3), Director del Cultural Research Center at Arizona Christian University, 28 de mayo de 2024. Disponible en: https://www.arizonachristian.edu/wp-content/uploads/2024/05/CRC-Release-AWVI-3-May-28-2024.pdf. Consultado el 13 de junio de 2024.

de la fe. Para Santiago, vivimos lo que realmente creemos, y yo estoy de acuerdo, incluso en mi propia vida. Me imagino a alguien diciendo: "Pastor, pero usted no vive en perfecta obediencia", a lo cual yo respondería: "¡Claro que no!". Entonces, ¿cómo explica cuando usted peca? Podríamos dar una respuesta impersonal y decir: "Ah, esa es la naturaleza caída en todos nosotros". Eso quizás nos haga sentir mejor. Pero también podemos ser más honestos y admitir que el problema es que no amamos a Dios como deberíamos. Además, podríamos reconocer que hay áreas de incredulidad en nosotros y, por eso, no vivimos plenamente lo que decimos creer en esas áreas. Eso es cierto tanto para ti como para mí. Sin embargo, debemos ser sinceros con nosotros mismos y asumir la responsabilidad por nuestro pecado. Nadie nos hace pecar, ni siquiera Satanás. Santiago lo explica así:

> "Sino que cada uno es tentado cuando es llevado y seducido por su propia pasión. Después, cuando la pasión ha concebido, da a luz el pecado; y cuando el pecado es consumado, engendra la muerte". (1:14-15)

Más adelante ampliaremos la idea mencionada en este pasaje acerca de cómo funciona el pecado.

Contexto histórico

A manera de introducción al tema de este libro, veamos solamente el primer versículo de la carta para familiarizarnos con su autor y con a la audiencia a la cual fue enviada: "Santiago, siervo de Dios y del Señor Jesucristo: A las doce tribus que están en la dispersión: Saludos" (Stg 1:1).

El nombre de Santiago tiene una historia lingüística que escapa al interés de este libro. Él es el mismo Jacobo, conocido como medio hermano de Jesús; fue hermano de parte de madre. Jacobo se menciona como uno de los hermanos de Jesús en Mateo 13:55 y Marcos 6:3. El apóstol Juan registra en su evangelio que "... ni aun Sus hermanos creían en Él" (Jn 7:5), y entre ellos estaba el autor de esta carta. Luego de su resurrección, Jesús se apareció a su medio hermano, según documenta Pablo en 1 Co 15:7, y quizás esta fue la ocasión en la que puso su fe en Jesús como el Salvador e Hijo de Dios. Cuando Pablo escribió a los gálatas, explicó que cuando subió a Jerusalén no vio a ningún otro de los apóstoles, sino a Jacobo, el hermano del Señor (Gá 1:19). Santiago no fue uno de los doce apóstoles, pero fue una figura suficientemente importante como para que Pablo lo considerara un apóstol, en el sentido más amplio de la palabra, que significa "ser enviado". En la misma carta a los gálatas, se nos informa que Jacobo llegó a ser uno de los pilares o líderes principales de la iglesia de Jerusalén (Gá 2:9). La tradición cristiana lo confirma.

En cuanto a la fecha, se piensa que esta carta fue escrita alrededor del año 45-48 d. C. De ser así, este es el primer documento del Nuevo Testamento. La única otra carta que compite en fecha con la epístola de Santiago es la carta a los Gálatas, la cual fue escrita alrededor del mismo tiempo.

El capítulo 15 del libro de los Hechos relata el primer concilio de la iglesia, en el que se decidió que ni la circuncisión ni las obras de la ley eran necesarias para la salvación. Al leer el relato, da la impresión de que para esa época Santiago ya era el líder de la iglesia en Jerusalén (Hch 12:17, 15:13, 21:18). La impresión es que Santiago escribió la carta que lleva su nombre antes de este concilio, que se celebró en el año 49-50 de nuestra era.

Volvamos al versículo inicial para ver de qué manera Santiago se introduce en esta carta: "Santiago, siervo de Dios y del Señor Jesucristo" (1:1). Notemos que no se presenta como el hermano de Jesús, porque él conocía perfectamente bien que esa relación biológica con Jesús había terminado después de que este murió y entró en gloria. Jesús ya había ascendido y había sido entronado a la derecha del Padre con todo poder y autoridad. De manera que la correcta identificación de Santiago era ciertamente como siervo de Dios Padre y del Señor Jesucristo. La palabra siervo es *doulos*, en griego, que significa esclavo, y la palabra Señor es *kurios*, en el original, que significa amo. De modo que Santiago se veía como el esclavo de su amo, Jesús. Pablo se veía de igual manera (Ro 1:1; Fil 1:1), y lo mismo debiéramos hacer nosotros.

En cuanto a los destinatarios de la carta, Santiago escribe: "A las doce tribus que están en la dispersión: Saludos". Se dirigía a judíos cristianos que habían emigrado y se encontraban fuera de la región de Israel. La dispersión suele provocar un enfriamiento de la fe, ya que la comunión con otros creyentes es esencial para mantenernos motivados y en constante crecimiento espiritual. Como dice el refrán, los cristianos somos como las brasas: cuando estamos juntos, mantenemos el fuego encendido, pero cuando nos separamos, nos enfriamos.

Entendiendo a Santiago

La carta de Santiago es distinta a todas las cartas de Pablo. En su epístola a los romanos, Pablo divide la carta en dos secciones: del capítulo 1 al 11 trata todo acerca de la teología sobre la perdición y salvación del hombre. Del capítulo 12 al 16, la epístola es eminentemente práctica en cuanto a aquello que nos toca hacer en vista de lo hecho por Dios. La carta a los efesios fue escrita de una manera similar: tres capítulos de teología (1-3) y tres capítulos de aplicación (4-6). No sabemos exactamente a qué situaciones se estaban enfrentando los judíos a los que Santiago escribe. Es posible que algunos de ellos habían escuchado que la salvación es por gracia por medio de la fe. Además, es seguro que de una u otra forma habían escuchado que la ley de Moisés había sido cumplida por Cristo y, por tanto, había quedado atrás. Quizás, con esas ideas, algunos estaban olvidando que la verdadera fe va acompañada de obras. Lo anterior podría explicar por qué Santiago enfatiza que no basta con creer correctamente; es necesario vivir de acuerdo con lo que creemos.

Creo que es una enseñanza importante en nuestros días, cuando se ha enfatizado tanto que la salvación es por gracia, lo cual es cierto, pero cuando la gracia es malentendida, llegamos a creer que lo único que necesito para ser salvo es hacer una profesión de fe, creyendo que Jesús ha perdonado mis pecados. Y ciertamente, así es como la salvación llega a nosotros, pero debe estar acompañada de un arrepentimiento como resultado de una convicción de pecado que Dios ha traído a mi vida, y de un convencimiento de que, de ahí en adelante, Jesús debe ejercer un señorío sobre toda mi vida. Si Jesús es verdaderamente el Señor de nuestras vidas, entonces una fe genuina debe reflejarse en una vida coherente con su verdad.

Después de ser salvo, se supone que el Espíritu de Dios viene a morar en nosotros para comenzar a producir el fruto del Espíritu, definido en Gálatas 5:22-23 como "... amor, gozo, paz, paciencia, benignidad, bondad, fidelidad, mansedumbre, dominio propio". Este último, el dominio propio, es vital, porque es producido por el Espíritu de Dios que vive en nosotros para decir no a las tentaciones y al pecado.

Otras obras de las que habla Santiago tienen que ver con el cuidado del hermano que está en necesidad y a quien no podemos ignorar (Stg 2:15-17); con el amor por el hermano que no da lugar al favoritismo debido a diferencias de estatus social (Stg 2:1-9). Debo amar tanto a ese hermano que nunca debo usar mi lengua para difamarlo, ofenderlo o herirlo (Stg 3:1-12). Éstas son algunas de las obras que resultan de una fe verdadera. Para Santiago, la fe verdadera impacta toda la vida del creyente. Por eso, Santiago también aborda temas como:

- la fe que persevera en medio de la tribulación;
- la sabiduría que debemos obtener de parte de Dios para vivir la vida;
- cómo funciona el pecado en nosotros y cómo no podemos culpar a otros de nuestros pecados;
- el poder que tiene la oración del hombre justo.
- aquellos que han hecho de las riquezas su dios, ignorando las necesidades de otros.

Santiago no mostraría mucha paciencia con una generación indulgente como la nuestra, dado que el poder de Dios para transformarnos supera las debilidades de nuestra naturaleza caída. Por eso, duda de la fe de quien dice ser cristiano, pero carece de las obras y del fruto del Espíritu en su vida. Esto es como Santiago lo declara en 2:14, 17, y 18:

"¿De qué sirve, hermanos míos, si alguien dice que tiene fe, pero no tiene obras? ¿Acaso puede esa fe salvarlo? Así también la fe por sí misma, si no tiene obras, está muerta. Pero alguien dirá: «Tú tienes fe y yo tengo obras. Muéstrame tu fe sin las obras, y yo te mostraré mi fe por mis obras»".

La carta de Santiago es tan práctica, con 54 imperativos en solo 108 versículos. La realidad es que la cultura occidental a la que pertenecemos ha sido profundamente influida por el pensamiento griego, centrado en definir con precisión las ideas y la verdad. La premisa es esta: si pensamos correctamente, deberíamos vivir correctamente. Por ello, los teólogos han puesto mucho énfasis en definir la doctrina, lo cual es vital; pero han prestado mucho menos atención en definir la práctica.[3] Para Santiago, la doctrina sin la práctica es inútil. Hermanos, si somos sinceros, debemos admitir que es más fácil:

- pensar correctamente que vivir correctamente.
- hablar con elocuencia que servir al prójimo.
- ofrecer palabras que dar de lo propio o de nuestro tiempo.

Esto es lo que Santiago dice en 2:15-16:

"Supónganse que ven a un hermano o una hermana que no tiene qué comer ni con qué vestirse y uno de ustedes le dice: «Adiós, que tengas un buen día; abrígate mucho y aliméntate bien», pero no le da ni alimento ni ropa. ¿Para qué le sirve?". (NTV)

Como resultado de esa forma de entender la fe cristiana, Santiago tenía poca paciencia para ese tipo de cristianismo.

En ningún momento, Santiago se refiere a la necesidad de vivir una vida de obediencia perfecta como claramente muestran varios de sus versículos. A pesar de todas las deficiencias que señala a las personas a quienes se dirige, aun así las llama "hermanos" en unas quince ocasiones, en apenas cinco capítulos, y hasta se refiere a ellos como "amados hermanos" en tres ocasiones distintas (Stg 1:16, 1:19, 2:5). Es decir, Santiago entiende que está escribiendo a creyentes, y aún a esos creyentes les dice en 4:1: "¿De dónde vienen las guerras y los conflictos entre ustedes? ¿No vienen de las pasiones que combaten en sus miembros?".

---

[3] Dan G. McCartney, *James*, Baker ECNT (Grand Rapids: Baker Academic, 2009), p. 3.

Con pasajes como estos, Santiago nos muestra que, para él, en los cristianos verdaderos todavía hay pasiones internas que se traducen en conflictos externos. Por tanto, no puede estar enfatizando el hecho que el cristiano vive una vida de santidad perfecta. Al mismo tiempo, nos deja ver que no es posible que una persona que se llame cristiana incurra en ciertas prácticas o que, llamándose cristiano, no cumpla con sus responsabilidades. La tendencia de muchos ha sido ver las exigencias de Santiago, luego nuestras dificultades para vivir lo que enseña su carta, y entonces descalificarlo como alguien que enseña la salvación por obras. Debemos leer a Santiago, ver las incongruencias en nuestras vidas y concluir que no estamos viviendo una vida cristiana como Cristo espera, y que necesitamos hacer ajustes.

A Santiago le preocupaba que el cristiano se esforzara tanto en desarrollar una ortodoxia correcta, mientras mantenía una ortopraxis tan deficiente. Dicho de otra manera:

- que el cristiano conozca la doctrina correcta, pero tenga un estilo de vida incorrecto,
- que el cristiano conozca la verdad, pero viva en la mentira,
- que el cristiano que conoce la verdad del reino de los cielos viva en la mundanalidad de la sociedad.

Santiago entendió bien lo escrito por Pedro: "sean ustedes santos en toda su manera de vivir. Porque escrito está: «Sean santos, porque Yo soy santo»" (1 P 1:15-16). Para Santiago, "la obediencia es la marca distintiva del cristiano". Escucha como él resume esto: "Sean hacedores de la palabra y no solamente oidores que se engañan a sí mismos" (Stg 1:22). Algunos acusan a Santiago de ser más exigente de lo necesario, cuando en realidad Cristo habló primero que él acerca de la diferencia entre hablar y hacer. En un momento se refirió a los escribas y fariseos, quienes no vivían lo que enseñaban. Observemos como lo expresa Mateo 23:3: "De modo que hagan y observen todo lo que les digan; pero no hagan conforme a sus obras, porque ellos dicen y no hacen". En otras palabras, dicen lo que saben, pero no hacen lo que conocen. Santiago entendía que, si somos solo oidores de la palabra y no hacedores, nos estamos autoengañando; y, por consiguiente, también tratamos de engañar a otros. Nos autoengañamos al intentar explicar nuestro pecado en términos de conducta, hablando de cómo las acciones de otros nos afectaron, en lugar de ver nuestro pecado como el resultado de un corazón corrompido que necesita redención por medio del poder del Espíritu. Santiago no fue el primero en señalar la dicotomía entre lo que se enseña y lo que se vive. Más bien, estos señalamientos y llamados al arrepentimiento permean toda la revelación de Dios.

A modo de ilustración, pensemos en aquella ocasión cuando Pedro, estando en Antioquía, rehusó juntarse con los gentiles para comer con algunos judíos que habían llegado desde Jerusalén (Gá 2:12). Pablo llamó a esa reacción hipocresía. ¿Por qué? Porque Pedro decía creer una cosa, pero de repente empezó a vivir de otra manera. Pedro había recibido la visión de que los judíos y gentiles serían un solo pueblo, y de que ya no habría alimentos inmundos o impuros. Sin embargo, cuando los judíos llegaron a la ciudad de Antioquía desde Jerusalén, Pedro comenzó a apartarse de los gentiles. Ahora nota lo escrito por Pablo en Gálatas 2:13, en relación con esta práctica de Pedro: "Y el resto de los judíos se le unió en su hipocresía, de tal manera que aun Bernabé fue arrastrado por la hipocresía de ellos". De nuevo, Pablo llamó a Pedro hipócrita por no vivir aquello que creía. ¿Notaste la influencia de una práctica pecaminosa?

El de doble ánimo carece del poder del Espíritu para transformar su vida.

Así como Jesús se preocupó por la hipocresía, también lo hicieron Pablo y Santiago. Esto es lo que Santiago expresó: "Acérquense a Dios, y Él se acercará a ustedes. Limpien sus manos, pecadores; y ustedes de doble ánimo, purifiquen sus corazones" (4:8). Daniel Doriani, en su comentario sobre la carta de Santiago, dice que la persona de doble ánimo "persigue dos cosas al mismo tiempo: servir a Dios y servirse, asimismo.[4] Santiago ya nos había advertido en 1:8 de su carta acerca de la persona de doble ánimo, señalando que no piense que recibirá cosa alguna del Señor.

---

[4] Daniel M. Doriani, *James* (Phillipsburg: P & R Publishing, 2007), p. 150.

Muchas veces pedimos, pero no recibimos porque necesitamos servir a un solo Señor; no podemos servir a Dios y a nosotros mismos a la vez. Cristo ya advirtió en otro contexto: "Nadie puede servir a dos señores; porque o aborrecerá a uno y amará al otro, o apreciará a uno y despreciará al otro..." (Mt 6:24). En esencia, o amamos a Dios o nos amamos a nosotros mismos. De hecho, el mismo Jesús enseñó: "Si ustedes me aman, guardarán Mis mandamientos" (Jn 14:15). La conclusión sería que, si no guardas sus mandamientos, no lo amas o no lo amas lo suficiente. Si hay algo que he aprendido en mi caminar es que cada vez que yo peco, en ese momento estoy demostrando que me amo más a mí mismo y a mi pecado que a Dios; de lo contrario, no lo haría. Una vez más, tengo que decir que esto es verdad tanto para ti como para mí.

En cada momento actuamos según aquello que más amamos. Por eso, la palabra nos exhorta a morir a nuestro propio yo. Mientras más vivo esté el "yo", más nos amaremos a nosotros mismos; y mientras más nos amamos a nosotros mismos, más buscamos complacernos. La vida cristiana es una lucha de amores: "yo o Dios". Es una batalla por el señorío: el señorío de Cristo o el señorío de nuestras pasiones. Esto es como Cristo lo expresó en la versión de Lucas del Sermón del Monte: "¿Por qué me llaman, Señor, Señor, ¿y no hacen lo que Yo digo?" (Lc 6:46). En la versión de Mateo del mismo sermón leemos:

> "No todo el que me dice: 'Señor, Señor', entrará en el reino de los cielos, sino el que hace la voluntad de Mi Padre que está en los cielos. Muchos me dirán en aquel día: 'Señor, Señor, ¿no profetizamos en Tu nombre, y en Tu nombre echamos fuera demonios, y en Tu nombre hicimos muchos milagros?'. Entonces les declararé: 'Jamás los conocí; apártense de Mí, los que practican la iniquidad'". (Mt 7:21-23)

Estas personas a las que Cristo se refiere fueron ¡oidores, pero no hacedores! Como ya mencioné, Santiago no fue el primero en hablar de esta realidad. Santiago era un autor muy práctico, y por eso, en su carta, nos habla de cómo esperaba ver la fe del cristiano en acción. Es como si él estuviera diciendo:

- Si amas a Jesús, demuéstralo.
- Si crees en la enseñanza de la Palabra, vívela.
- Tus palabras suenan bien, pero tu vida no me convence.
- Practica lo que predicas.

Enseñar algo que luego no vives pone en duda tu creencia en cualquier área de la vida. Imagínate un médico que te dice que el cigarrillo es dañino, pero él no deja de fumar. Sabe que el cigarrillo hace daño porque la evidencia es abrumadora, pero no cree que ese será su caso. El abogado, el ingeniero o el político que condenan el engaño como un delito, pero luego engañan a otros, acaban justificando sus acciones al afirmar que lo que hicieron no califica como engaño. Para muchos, engañar o mentir es un delito, siempre y cuando no se trate de su propio caso.

El abogado hablará de circunstancias atenuantes que hacen que su situación sea distinta.

El ingeniero diría, quizás, que su cliente es millonario y puede pagar más de lo cobrado; por tanto, lo que sería un engaño para otros, no lo es para este cliente, pues "no necesita ese dinero".

El médico podría argumentar que cobró más de lo debido, pero que le salvó la vida al paciente, y "la vida no tiene precio".

El político, por otro lado, podría defenderse diciendo que es responsable de los destinos de la nación y que, bajo su mandato, el país ha progresado; por tanto, la nación más bien le debe a él.

En los ejemplos anteriores, vemos como diferentes profesionales podrían justificar sus faltas o pecados creyendo que su caso es una excepción a la regla. El cristiano podría decir para sí mismo: "yo peco, pero no como los demás, porque al menos en mi caso, tengo una razón". Algunos han dicho: "yo sé que peco, pero soy una víctima de mi pasado, por lo que no puedes entender mi situación; por eso, mi pecado no es tanto una transgresión de la ley de Dios, sino el resultado de una herida que no ha sanado". Esta es la razón por la que la iglesia en el pasado hablaba más de la santificación del creyente que de su transformación integral.

Como hemos venido diciendo en esta epístola, Santiago hace énfasis en la ortopraxis (práctica correcta) porque veía que las creencias doctrinales de las personas a quienes se dirigía no estaban haciendo una diferencia en sus estilos de vida.

> Hemos convertido la santificación en un proceso terapéutico, en lugar de verla como una transformación espiritual a través de la aplicación de la Palabra, que culmina en la muerte del yo mediante el poder del Espíritu que mora en nosotros.

Una genuina obediencia se refleja en una vida congruente con los dos más grandes mandamientos, según Cristo. Observa su respuesta ante la pregunta: "Maestro, ¿cuál es el gran mandamiento de la ley?". Y Él le contestó: "Amarás al Señor tu Dios con todo tu corazón, y con toda tu alma, y con toda tu mente. Este es el grande y primer mandamiento. Y el segundo es semejante a este: Amarás a tu prójimo como a ti mismo. De estos dos mandamientos dependen toda la ley y los profetas" (Mt 22:36-40). En la versión de Marcos, Jesús termina su afirmación diciendo: "No hay otro mandamiento mayor que estos" (Mr 12:31).

- El primer mandamiento tiene que ver con la persona de Dios.
- El segundo, con la imagen de Dios en el hombre.

Según Jesús, tu obligación cristiana es con dos personas: Dios y el prójimo, quien es portador de su imagen. Toda la carta de Santiago tiene que ver con estos dos mandamientos.

En el Antiguo Testamento, todo lo anterior fue resumido de esta manera:

> "Él te ha declarado, oh hombre, lo que es bueno.¿Y qué es lo que demanda el Señor de ti, Sino solo practicar la justicia, amar la misericordia, Y andar humildemente con tu Dios?". (Mi 6:8)

2

MI SUFRIMIENTO EN LAS MANOS DE DIOS

Tengan por sumo gozo, hermanos míos, cuando se hallen en diversas pruebas, sabiendo que la prueba de su fe produce paciencia, y que la paciencia tenga su perfecto resultado, para que sean perfectos y completos, sin que nada les falte.
Santiago 1:2-4

En la literatura inglesa, hay una obra muy conocida con el nombre de *Moby Dick*. Es una novela acerca de las experiencias de un capitán de nombre Ahab, a bordo de un barco ballenero. Dicho capitán estaba empecinado en capturar una ballena llamada Moby Dick, porque, en una experiencia anterior, le había cortado una pierna cuando trató de capturarla. A manera de venganza, emprende la persecución contra esta ballena y expone a la tripulación a todo tipo de peligros. La venganza contra esta ballena, por haberle cortado la pierna, era la pasión que movía a este capitán. La novela está basada en dos historias reales, y en ambas podemos apreciar que el autor de esta obra estaba familiarizado con el dolor, el sufrimiento y las dificultades. En una de sus obras mucho menos conocida, Herman Melville, el autor de *Moby Dick*, hace esta afirmación: "No será hasta que comprendamos que un sufrimiento pesa más que diez mil alegrías, cuando nos convertiremos en lo que el cristianismo busca formar en nosotros".[5]

---

[5] Tomado de la obra, *Redburn* (Madrid: Editorial Alba, 2008), p. 239.

Para el autor de esta novela, el ser humano, y en particular el cristiano, no entiende el propósito de las aflicciones en su vida. Creo que, al igual que el capitán de este barco ballenero en la novela, muchos se resienten con sus experiencias dolorosas. Al no entender el propósito de dichas aflicciones, permanecen airados y tratan de anestesiar su dolor por caminos pecaminosos, lo que solo logra aumentar sus heridas y sinsabores.

Piensa por un momento en algunos de tus más grandes gozos. Por ejemplo:

- Quizás el día de tu boda. ¿De qué manera ese día transformó tu carácter? No creo que lo haya hecho.
- Quizás el día en que nació tu primer hijo. ¿De qué manera ese día cambió tu carácter? No creo que lo que haya hecho, por lo menos no mucho.
- Piensa en cualquier otro gozo que hayas tenido, y te aseguro que no ha cambiado tu carácter.
- El día de tu boda no logró cambiar mucho tu carácter; pero las dificultades de tu matrimonio te han obligado a crecer, si eres cristiano.
- El día que nació tu primer hijo tampoco produjo carácter probado, pero los problemas con los hijos sí lo han hecho, comenzando con el cambio de pañales en la madrugada o a lo largo del día. Ciertamente, "la paciencia [produce], carácter probado..." como escribió Pablo a los romanos (Ro 5:4).
- Los gozos o deleites son temporales; de muy corta duración; estimulan las emociones y los neurotransmisores y te pueden llevar a soñar, pero no a meditar sobre el propósito y significado de la vida.

¿Cuál de tus deleites, placeres o gozo te ha llenado de sabiduría para la vida o de amor incondicional hacia los demás? Probablemente ninguno, porque la realidad es que la mayoría de las veces es a través del dolor, el sufrimiento, la pérdida, las decepciones y los sinsabores que aprendemos las más grandes lecciones de la vida.

En la cita tomada de la epístola de Santiago, mencionada al inicio de este capítulo, el autor nos habla de:

1. una actitud frente a las dificultades de la vida;
2. una razón para tener dicha actitud; y
3. un propósito final que explica por qué las dificultades permanecen en nuestras vidas.

La actitud

La primera enseñanza que Santiago quiere trasmitir a sus discípulos tiene que ver con la actitud que nosotros, los cristianos, debiéramos asumir ante las experiencias difíciles de la vida. De ahí sus palabras: "Tengan por sumo gozo, hermanos míos, cuando se hallen en diversas pruebas..." (Stg 1:2). Santiago no está enseñando que anhelemos estar en medio de las dificultades para cultivar nuestro gozo; tampoco nos dice que debamos estar danzando y sonriendo cuando los problemas llegan. "Cuando Santiago nos dice 'tengan por sumo gozo', no está haciendo alusión a una emoción o alegría, sino más bien a una forma de pensar en medio de las dificultades".[6] Ese gozo no es algo emocional, sino racional, donde la vida es vista a través del lente de la providencia de Dios, y es vivida bajo su autoridad y para su gloria.

En el capítulo 5 del libro de los Hechos, encontramos una buena ilustración de lo anterior. Se nos dice que algunos de los apóstoles fueron puestos en la cárcel por haber predicado la palabra de Dios. Luego, "*los* azotaron y *les* ordenaron que no hablaran más en el nombre de Jesús y los soltaron. Los apóstoles, pues, salieron de la presencia del Concilio, regocijándose de que hubieran sido considerados dignos de sufrir afrenta por Su Nombre" (Hch 5:40-41). Los apóstoles no se sintieron victimizados ni traumatizados. Ellos entendieron perfectamente que Jesús, su Redentor, había pasado por una experiencia similar y que ellos, como discípulos de Jesús, habían sido llamados a creer en Él, pero también a sufrir por Él, como más tarde les explicaría el apóstol Pablo a los filipenses (Fil 1:29).

---

[6] Craig L. Blomberg y Mariam J. Kamell, *James: Exegetical Commentary on the New Testament* (Grand Rapids: Zondervan, 2008), p. 48.

Nuestra respuesta a la adversidad revela la calidad de nuestra relación con Dios, la realidad de nuestro corazón y nuestro entendimiento acerca de la vida. Estas personas tenían la perspectiva correcta y, por tanto, entendían verdades que nuestra generación ni siquiera considera. Ellos comprendieron que:

- la vida entera es una especie de prueba;
- la causa de Cristo tiene un costo;
- vivir la fe cristiana frecuentemente nos lleva a experimentar el sufrimiento;
- no hay sacrificio del que Cristo no sea meritorio;
- Cristo, la cruz, el cielo y su causa valen cualquier aflicción por la que tengamos que atravesar.

Paul Tripp explicó en una ocasión cómo nosotros empeoramos nuestras experiencias de dolor, y lo dijo de una manera muy real: Mucha gente sufre por lo que le ocurre, y luego sufre aún más por la manera en que enfrenta ese sufrimiento. Santiago en su carta no estaba insinuando que las pruebas o aflicciones de la vida son un gozo en sí mismas, sino que las consideremos como gozo al compararlas con el fruto que las aflicciones producen. Similar a las palabras de Pablo cuando dijo que consideraba como basura todo lo que antes era ganancia (cf. Fil 3:7-8). No todo era basura, pero al lado del privilegio de conocer a Cristo, lo era. Así, Santiago nos dice: "Tengan por sumo gozo, hermanos míos, cuando se hallen en diversas pruebas" (Stg 1:2). Podemos hacer eso con cierta facilidad si entendemos que las aflicciones en nuestras vidas forman parte de su plan bondadoso y del desarrollo de la imagen de Cristo en nosotros.

El salmista lo entendió así cuando escribió: "Yo sé, Señor [...] que en Tu fidelidad me has afligido" (Sal 119:75). En esencia, el salmista estaba diciendo: *Yo sé que Dios es fiel a su propósito de hacerme conforme a la imagen de su Hijo* (cf. Ro 8:28-29), y en su fidelidad Él no escatimará ninguna experiencia que contribuya a formar dicha imagen.

Recuerda que Santiago no está hablando de una emoción, sino de una forma de pensar y una actitud frente a las dificultades de la vida. A la luz de lo expresado por él, podemos definir el gozo de la siguiente forma:

"El gozo del Espíritu es un estado de la mente que entiende que las circunstancias de la vida están en las manos del Señor y que Él las conoce, las controla, las permite o las envía con un propósito en particular que puede escapar a nuestro entendimiento. Pero nosotros no podemos escapar a dichas experiencias porque forman parte del plan bondadoso de Dios para nuestras vidas".

La razón para enfrentar las pruebas con buena disposición

En segundo lugar, Santiago nos da una explicación para tener la actitud que acabamos de describir frente a las aflicciones:

"...sabiendo que la prueba de su fe produce paciencia, y que la paciencia tenga *su* perfecto resultado...". (Stg 1:3-4a)

Las pruebas tienen por meta desarrollar nuestra paciencia. La pregunta inmediata sería, ¿cuál es el valor de la paciencia?, ¿Realmente tiene la paciencia un valor tan alto en la vida cristiana? La realidad es que la impaciencia caracteriza a la mayoría de los hijos de Dios y forma parte de prácticamente todas sus caídas:

- Eva mordió la fruta sin esperar a hablar con Adán. Y si habló con él, no esperaron a consultar con Dios.
- Sara, no esperó al hijo de la promesa y le ofreció su criada a Abraham. Aún hoy pagamos las consecuencias de esa impaciencia.
- El rey Saúl se impacientó cuando vio que el profeta Samuel no llegaba y, en su impaciencia, ofreció un sacrificio que no le correspondía, perdiendo su reino en una sola decisión (1 S 15).

Si no aprendemos a esperar el tiempo de Dios para hacer lo que nos corresponde, de la manera que Él quiere, con los recursos de Dios y para su gloria, seguiremos siendo un obstáculo para los planes divinos. Y como Dios no se deja estorbar, siempre estaremos confundidos, sin saber qué camino tomar.

La impaciencia es señal de inmadurez y causa muchos problemas en nuestras vidas. La persona impaciente no puede caminar con Dios porque, para nosotros, parece que Él actúa con demasiada "lentitud":

- 40 años trabajando en Moisés en el desierto antes de usarlo.
- 40 años para llegar a la tierra prometida.
- 70 años en el exilio en Babilonia.
- Miles de años esperando por el Mesías, desde que fue anunciado en Gn 3:15.
- 2000 años esperando por su segunda venida, y aún no llega.

Santiago nos enseña que las pruebas producen paciencia. Sin embargo, a menudo oramos y, en solo una semana, ya empezamos a dudar porque Dios no ha respondido. La paciencia no se desarrolla de inmediato; se va formando con el tiempo, y ese tiempo está compuesto por las pruebas que enfrentamos en la vida. Pedro escribe: "Amados, no se sorprendan del fuego de prueba que en medio de ustedes ha venido para probarlos, como si alguna cosa extraña les estuviera aconteciendo" (1 P 4:12). Según Pedro, las pruebas no deberían sorprendernos ni parecernos algo fuera de lo común, sino que deberíamos esperarlas como parte de nuestra vida. Él compara las pruebas con el fuego, y al igual que el fuego cocina lentamente, la paciencia se va formando poco a poco. Un creyente impaciente aún no está listo para caminar con Dios.

Si no aprendemos a esperar el tiempo de Dios para hacer lo que nos corresponde, de la manera que Él quiere, con los recursos de Dios y para su gloria, seguiremos siendo un obstáculo para los planes divinos.

He definido la paciencia como "la capacidad para esperar con tranquilidad y esperanza el tiempo y la voluntad de Dios, bajo diferentes presiones que varían en intensidad y duración".

La paciencia es más importante de lo que pensamos. A veces, la buscamos para nuestro propio beneficio, para evitar la ansiedad o el malestar, pero pocas veces pensamos en cómo nuestra paciencia puede beneficiar a los demás, del mismo modo que la paciencia de Dios nos beneficia a nosotros.

En 1 Corintios 13 se nos dice que el amor es paciente. Si eso es verdad, entonces, sin paciencia, no puedo amar. Mi impaciencia con los demás es evidencia de que no los amo, porque el amor, por definición, es paciente. Jacob trabajó 14 años para poder casarse con Raquel, y esos años le parecieron poco porque la amaba mucho (Gn 29:10-30). Quizá te preguntes: "¿cuánto tiempo debo esperar para ver ciertos cambios en mi hijo o en mi cónyuge?". No lo sé, pero probablemente no más de lo que Dios ha esperado para ver cambios en ti o en mí.

A veces, nos impacientamos e incluso nos enojamos cuando, al compartir nuestra fe, no vemos una respuesta inmediata. Pero en 2 Pedro 3:9, se nos recuerda que el Señor Jesús no ha regresado porque es paciente y no quiere que nadie se pierda, sino que todos se arrepientan. Debemos ser pacientes con los que no creen, deseando que lleguen a los caminos de Dios. Pablo nos llama a ser imitadores de Dios en Efesios 5:1, pero no podemos imitar a Dios si no somos pacientes. Él es lento para la ira y abundante en misericordia (Éx 34:6; Nm 14:18; Neh 9:17; Sal 86:15; Jl 2:13).

El mismo Pablo que nos llama a imitar a Dios, nos dice en Colosenses 3:12: "Entonces, ustedes como escogidos de Dios, santos y amados, revístanse de tierna compasión, bondad, humildad, mansedumbre y paciencia". Hemos sido llamados a proclamar y reflejar las virtudes del Aquel que nos llamó de las tinieblas a su luz admirable (1 P 2:9). Digo todo esto para que veamos la necesidad que tenemos de pasar por pruebas: "sabiendo que la prueba de su fe produce paciencia y que la paciencia tenga *su* perfecto resultado" (Stg 1:3-4a). Las pruebas son el horno donde se cuece la paciencia en nosotros.

Santiago no quiere que nuestra impaciencia sea la causa de no poder terminar bien si abandonamos la carrera antes de tiempo.[7]

El salmista adquirió experiencia y sabiduría con los años, y por eso pudo escribir: "Confía callado en el Señor y espera en Él con paciencia..." (Sal 37:7). Cuando el salmista nos llama a esperar callados, nos está diciendo que la espera no es el tiempo para quejarnos, sino para confiar en la sabiduría y en la benevolencia de Dios. El apóstol Pablo

---

[7] Dan G. McCartney, *James, Baker Exegetical Commentary on the New Testament* (Grand Rapids: Baker Academics, 2009), p. 87.

nos ayuda a ver las pruebas desde la perspectiva de Dios cuando las llama "leves y pasajeras" (2 Co 4:17), comparadas con la gloria que ha de venir. Cultivar la paciencia es motivo suficiente para recibir con agrado las pruebas, no solo por el fruto de la paciencia en nosotros, sino también por las consecuencias negativas que la impaciencia trae a nuestras vidas.

El propósito final

En el pasaje de Santiago hemos visto cómo nos habla de una actitud frente a las dificultades de la vida y una razón para adoptar esa actitud. Ahora veamos cuál es el propósito que Dios tiene al permitir las pruebas en nuestras vidas. Santiago 1:4 afirma que el propósito de las pruebas es hacernos "perfectos y completos, sin que nada *les* falte".

La palabra "perfecto" aquí se refiere a la madurez cristiana. Para alcanzar esa madurez en el carácter cristiano, Dios tiene que quitar las cosas en las que antes confiabas como tus propias fortalezas, que en realidad te hacen dejar a Dios a un lado. La aflicción debilita o destruye esas fortalezas humanas y permite que el poder de Dios se perfeccione en nuestra debilidad (2 Co 12:9). Esa madurez cristiana no es solo el fruto de la aflicción, sino de haber aprendido a esperar con paciencia y a perseverar en medio de la prueba.

La historia bíblica, la historia de la iglesia en los últimos dos milenios y la historia secular atestiguan que nadie llega a ser maduro, incluso desde una perspectiva secular, a través de una vida llena de placeres, deleites y gozo. Cada personaje histórico, al analizarlo con profundidad, es el resultado de dificultades que ha enfrentado y superado de manera madura, sin resentimientos y sin culpar a otros.

Incluso el mundo secular reconoce esta verdad. Te comparto una cita de una obra de ciencia ficción de 2016 llamada *Aquellos que quedaron: Una novela postapocalíptica, de Michael Hopf*:

- Mi abuelo caminó 10 millas al trabajo.
- Mi padre caminó 5 millas al trabajo.
- Yo conduzco un Cadillac al trabajo.
- Mi hijo conduce un Mercedes.

- Mi nieto conducirá un Ferrari.
- Mi bisnieto volverá a caminar.

¿Por qué es esto?

- Porque los tiempos difíciles crean hombres fuertes.
- Los hombres fuertes crean tiempos fáciles.
- Los tiempos fáciles crean hombres débiles.
- Los hombres débiles crean tiempos difíciles.

Muchos no lo entenderán, pero hay que criar guerreros, concluye la cita. Los soldados tienen un espíritu de disciplina, sacrificio, entrega y valor; están dispuestos a dar su vida por una causa. Tienen todo lo que esta generación necesita. Dios conoce esta verdad desde la creación, y los autores de la Biblia la entienden de una manera más profunda, con una perspectiva divina.

Cuánto más protejas a tus hijos de las aflicciones, el trabajo duro y los sacrificios que enfrentaron las generaciones anteriores, más débiles serán y más difíciles serán los tiempos que enfrentarán, porque los hombres débiles crean tiempos difíciles. A la luz de la Palabra, el propósito de Dios no es protegerte del dolor para evitar que te afecte; es usar el dolor para que cada vez te parezcas menos a ti mismo y más a Cristo. El sufrimiento en las manos de Dios es quizás la mejor herramienta para la formación del carácter de una persona.

Pablo pensaba de manera similar a Santiago sobre este tema, como podemos ver en Romanos 5:3-4: "Y no solo esto, sino que también nos gloriamos en las tribulaciones, sabiendo que la tribulación produce paciencia; y la paciencia, carácter probado; y el carácter probado, esperanza". Esto es lo mismo que escribió Santiago.

La tribulación, cuando se enfrenta con paciencia, sin apresurarse, sin tomar decisiones emocionales, sin buscar atajos pecaminosos, sin desafiar los límites de la ley de Dios y sin cuestionar su soberanía, produce en nosotros un carácter probado, maduro y piadoso.

Pedro conocía esta misma verdad que Santiago y Pablo, cuando expresó: "...aunque ahora, por un poco de tiempo si es necesario, sean afligidos con diversas pruebas, para que la prueba de la fe de ustedes, más preciosa que el oro que perece, aunque probado por fuego, sea hallada que resulta en alabanza, gloria y honor en la revelación de Jesucristo" (1 P 1:6-7). Según Pedro, nuestra fe necesita ser probada por fuego. Por un lado, para ver cuán genuina es, y por otro lado, porque es el fuego lo que quita las impurezas que contaminan nuestra vida. No sabemos la calidad de nuestra fe hasta que ha sido probada. Los metales son purificados a través del fuego, y nosotros no somos diferentes. El mismo fuego que derrite una vela es el que endurece un ladrillo. Si comparamos la vela y el ladrillo con el corazón humano, podríamos decir que la aflicción ablanda el corazón de algunos, haciéndolos mansos y humildes, mientras que en otros los hace resentidos, como el ladrillo endurecido. Como hemos dicho, Santiago, Pablo y Pedro compartían esta misma verdad. Y también la conocía el salmista que escribió: "Bueno es para mí ser afligido..." (Sal 119:71).

Un cristiano maduro

La meta de las aflicciones, según Santiago, es formar un cristiano maduro, y el resto de su carta describe cómo debe vivir un cristiano maduro.

De acuerdo con la carta de Santiago, un cristiano maduro:

- Posee sabiduría que viene del cielo en la medida en que busca a Dios (1:5 y 3:13-18).
- Tiene una fe firme en el Señor y en sus propósitos (1:6-7).
- Sabe lidiar con las tentaciones y reconoce que su pecado viene de su propio corazón, no de las acciones de otro (1:12-16).
- Vive en obediencia, siendo un hacedor de la Palabra, no solo un oidor (1:19-27).
- Tiene un entendimiento adecuado del poco valor de las preocupaciones de este mundo (1:9-11, y 5:1-6).
- Se caracteriza por el amor a Dios y al prójimo, sin mostrar favoritismos (2:1-13).
- Da testimonio de una fe genuina a través de sus obras (2:14-25).
- Tiene control sobre su lengua (3:1-12).
- No es dominado por las pasiones de la carne (4:1-3).

- Entiende el señorío de Cristo: o eres amigo del mundo y enemigo de Dios, o viceversa (4:4-10).

Hasta aquí creo que hemos revisado el contenido de los versículos 2-4 del capítulo 1. Ahora, hacia el final de este capítulo y como aplicación para la vida diaria, reflexionemos juntos sobre cómo las aflicciones funcionan en las manos de Dios.

Para meditar

1. Las dificultades nos obligan a reflexionar y dejar de vivir de manera superficial. La mayoría de las personas viven como si nunca fueran a morir o rendir cuentas. Las dificultades nos llevan a meditar y a hacer introspección, y muchas veces, en ese proceso, nos damos cuenta de cómo hemos violado la ley de Dios. Al reconocer esto, nos arrepentimos y nos acercamos a Dios.

2. Las dificultades tienden a producir inseguridades, lo que lleva a las personas a buscar de Dios. Y cuando lo buscamos de todo corazón, lo encontramos. Al encontrarlo, dejamos de preguntarnos dónde está Dios en medio de nuestras crisis.

3. Las crisis nos recuerdan que esta vida es pasajera y nos hacen reflexionar sobre lo que realmente importa. Recordemos a Job, quien, en un momento, quería una entrevista personal con Dios. Al final, Job recibió algo mejor: a Dios mismo. Job aprendió que "el pueblo de Dios no vive de explicaciones, sino de promesas".[8]

4. Las crisis nos muestran nuestra debilidad e impotencia, y eso es bueno, porque es nuestra autosuficiencia lo que muchas veces nos impide acercarnos a Dios. Dios a menudo debe destruir nuestro orgullo para que demos el paso hacia delante y aprendamos a depender de Él.

5. Dios permite las crisis para que aprendamos las consecuencias de nuestro pecado. Al vivir esas consecuencias, aprendemos a rechazar lo que Dios rechaza y valorar las bendiciones de andar en sus caminos. La aflicción fomenta la obediencia. Como dijo

---

[8] Warren Wiersbe, *The Bible Exposition Commentary, Vol 1* (Wheaton: Victor Books, 1989), p. 676.

el salmista en el Salmo 119:67: "Antes que fuera afligido, yo me descarrié, mas ahora guardo tu palabra".

Recuerda, si la meta de las aflicciones, del sufrimiento y del dolor es formar un carácter probado, entonces la voluntad de Dios para nosotros, mientras estemos en este mundo, nunca será eliminar el sufrimiento, sino transformarnos a través de Él.

¡Ese es el propósito del dolor en las manos Dios!

3

LA SABIDURÍA: UNA PETICIÓN QUE DIOS SE DELEITA EN RESPONDER

Y si a alguno de ustedes le falta sabiduría, que se *la* pida a Dios, quien da a todos abundantemente y sin reproche, y le será dada. Pero que pida con fe, sin dudar. Porque el que duda es semejante a la ola del mar, impulsada por el viento y echada de una parte a otra. No piense, pues, ese hombre, que recibirá cosa alguna del Señor, *siendo* hombre de doble ánimo, inestable en todos sus caminos. **Santiago 1:5-8**

Desde el principio hemos dicho que la carta de Santiago es muy práctica, directa y confrontadora. Santiago nos dice la verdad "sin anestesia", y creo que lo hace porque entiende que hay momentos para decir la verdad con suavidad y otros en los que es necesario dejar que el peso de la verdad sacuda nuestras mentes y nos haga reaccionar. Jesús mismo, en un momento, habló con ternura a la mujer sorprendida en adulterio: "Vete; y desde ahora no peques más" (Jn 8:11). Sin embargo, es el mismo Jesús que en otra ocasión dijo: "Y si tu mano derecha te hace pecar, córtala y tírala; porque te es mejor que se pierda uno de tus miembros, y no que todo tu cuerpo vaya al infierno" (Mt 5:30).

La carta de Santiago es como una descarga intensa de verdades, una tras otra. Su estilo es muy parecido al de Proverbios, ya que ambos libros abordan varios temas, a veces con una conexión mínima entre ellos y otras sin relación alguna. Santiago destaca la importancia de tener sabiduría para la vida, y Proverbios es probablemente el libro que más trata sobre esta necesidad de vivir sabiamente para evitar grandes consecuencias. De hecho de las 141 veces que se menciona la palabra "sabiduría" en la Biblia, aproximadamente 41 se encuentran en Proverbios.

De hecho, el autor de Proverbios dice al inicio del libro (Pr 1:1-4) que lo escribió:

"Para aprender sabiduría e instrucción,
Para discernir dichos profundos,
Para recibir instrucción en sabia conducta,
Justicia, juicio y equidad;
Para dar a los simples prudencia,
Y a los jóvenes conocimiento y discreción".

Por otra parte, Santiago comienza su carta diciendo que necesitamos orar para diferenciar lo bueno de lo malo en la vida diaria. A la luz de Proverbios, podríamos definir la sabiduría como la capacidad de juzgar correctamente y seguir el curso de acción que complace a Dios, porque ese camino siempre nos llevará a los mejores resultados.

En el capítulo anterior vimos cómo las pruebas o dificultades producen paciencia, y cómo la paciencia termina produciendo un carácter maduro y completo. Santiago desea que no nos falte nada en cuanto a nuestra madurez espiritual, y nos da una instrucción clara para cuando sentimos que nos falta sabiduría. En el texto principal de este capítulo se destacan dos ideas: una sobre la sabiduría, donde Santiago tiene varias lecciones para enseñarnos, y otra sobre cómo debemos orar cuando pedimos sabiduría o cualquier otra cosa a Dios.

Santiago inicia el versículo 5 diciendo: "Y si a alguno de ustedes le falta sabiduría...". Es como si nos invitara a hacer una evaluación personal para ver cuánta sabiduría hemos desarrollado para enfrentar los problemas de la vida diaria. Muchas veces creemos que tenemos la sabiduría requerida para liderar nuestras vidas y tomamos decisiones sin buscar la sabiduría que viene del cielo. Nos apoyamos en nuestro propio entendimiento, justo lo contrario de lo que Proverbios 3:5 nos aconseja. Somos impulsivos, poco reflexivos, impacientes y muchas veces corremos por la vida sin detenernos a pensar que nos falta la sabiduría que necesitamos para agradar a Dios. Tomamos decisiones, y luego le pedimos a Dios que bendiga lo que ya decidimos.

Hasta que no aprendamos a ver las cosas a través de la lente de la Palabra seguiremos careciendo de sabiduría, aunque no lo creamos así. La mejor evidencia de que no lo creemos es que, por cada 100 peticiones que le hacemos a Dios, quizás solo una o ninguna es para pedir por sabiduría, cuando esta debería ser una petición frecuente. No cabe duda de que nos falta sabiduría. Como pastor, necesito sabiduría para predicar, aconsejar, planificar, pastorear, ser esposo y liderarme a mí mismo y a otros. Como médico, también necesito sabiduría para tratar a mis pacientes y relacionarme con ellos, y así podría continuar la lista. De hecho, si tuviera que hacer una sola petición a Dios, probablemente sería: "¡Señor, dame sabiduría!", porque la presencia o ausencia de sabiduría afecta toda nuestra existencia. Cada error o pecado que hemos cometido ha sido el resultado de la falta de sabiduría, y cada cosa que hemos hecho bien ha sido gracias a la sabiduría de lo alto.

Sabiduría, ¿qué es y para qué la necesito?

La sabiduría no es lo mismo que el conocimiento ni habilidades humanas. Muchas personas tienen ambas cosas sin tener una conexión especial con Dios. Incluso los ateos pueden tener conocimiento y grandes habilidades. La sabiduría que viene de Dios es una capacidad especial que Él concede a aquellos que le buscan. Esa sabiduría nos permite discernir la verdad del error, ver las opciones al tomar decisiones y comprender los posibles beneficios o consecuencias de un determinado curso de acción. Las decisiones tomadas con sabiduría de lo alto terminan agradando a Dios y bendiciendo a los hombres, porque se trata de la sabiduría del reino de los cielos.

Para alcanzar la verdadera sabiduría, necesitamos roconocer que existe un reino que no es de este mundo. Este reino tiene un Rey soberano que ha revelado su voluntad. Además, este Rey tiene siervos que han sido dejados en la tierra no para buscar sus propios intereses, sino los del Reino. Cuando el Rey se encarnó, dejó claro que lo único que le complacía era que sus siervos buscaran Su Reino y Su justicia. Con esa búsqueda, el Rey prometió darles todo lo demás como añadidura (Mt 6:33). Entender y vivir conforme a esta verdad es algo que solo Dios puede conceder. Por eso, Santiago afirma que debemos pedir a Dios sabiduría para vivir la vida. Él es la fuente de toda sabiduría y se deleita en concederla abundantemente. Necesitamos sabiduría para conocer lo que realmente necesitamos para amar lo que Dios ama, para tomar decisiones en favor de los intereses del reino de los cielos al que pertenecemos y para someternos al Rey de nuestras vidas. La sabiduría a la que se refiere Santiago no depende de nuestras emociones, ambiciones, deseos, anhelos o sueños, ni siquiera de nuestra capacidad intelectual, sino que depende exclusivamente de la voluntad de Dios, que nos es revelada por medio del Espíritu Santo que mora en nosotros. Como Dios tiene sabiduría infinita, puede otorgarla abundantemente a tantas personas como Él decida, y al final seguirá teniendo la misma sabiduría que al principio, porque su sabiduría es inagotable.

Las decisiones tomadas con sabiduría de lo alto terminan agradando a Dios y bendiciendo a los hombres, porque se trata de la sabiduría del reino de los cielos.

Si creemos que la sabiduría proviene únicamente de Dios, ¿es posible que los incrédulos puedan tenerla? ¿Y qué hay de los creyentes que no mantienen una relación cercana con Dios, podrían ellos también tener sabiduría? Gran parte de lo que los incrédulos pueden mostrar se asemeja más a la sagacidad que a la verdadera sabiduría. La persona sagaz muestra habilidad para aprovechar las oportunidades y circunstancias terrenales, y su enfoque principal está en los intereses humanos. Por otro lado, el sabio pone a Dios en el centro de sus decisiones. Su sabiduría se fundamenta en principios divinos y en una comprensión más profunda de la vida. Aunque la persona sagaz pueda prosperar en este mundo, el sabio encuentra una recompensa mucho mayor en el mundo venidero. El reino de Dios y su justicia están en el centro de la voluntad de Dios y de la vida del hombre sabio.

Recordemos el consejo de Santiago: si necesitamos sabiduría para manejar las dificultades y el resto de la vida, pidámosla a la fuente de sabiduría que es Dios. La Biblia respalda esta afirmación de muchas maneras. En Eclesiastés 2:26 se menciona que la sabiduría la da Dios: "Porque a la persona que le agrada, Él [Dios] le ha dado sabiduría, conocimiento y gozo". De acuerdo con este versículo, vemos que Dios no concede sabiduría de manera indiscriminada, sino más bien a quienes buscan agradarlo. Para recibir la sabiduría divina, es esencial vivir en obediencia, tal como indica el texto que hemos considerado. Además, Santiago nos recuerda que también es necesario pedirla.

- Proverbios 2:6 afirma lo mismo: Dios da la sabiduría.
- Proverbios 4:7 nos dice que lo principal es la sabiduría.

La NTV, traduce a Proverbios 4:7 de esta manera: "¡Adquirir sabiduría es lo más sabio que puedes hacer!".

- Proverbios 10:8, señala que la sabiduría de Dios nos hace obedientes. La sabiduría de lo alto nos enseña a obedecer.

Necesitamos caminar en obediencia para ser bendecidos con sabiduría, y al recibirla nos haremos más obedientes porque como vimos la sabiduría:

- Nos ayuda ver la vida con más claridad.
- Nos enseña a pensar con prudencia.
- Nos permite reconocer los obstáculos en el camino y evitarlos.
- Proverbios 11:2 nos dice que la humildad conduce a la sabiduría.
- Proverbios 16:16 nos muestra el valor de la sabiduría: no hay nada más valioso que la sabiduría, según este el proverbio.

> **La sabiduría que Dios nos da es la que nos permite ver la vida desde una perspectiva celestial (por encima del sol), en lugar de una perspectiva terrenal (por debajo del sol).**

El curso completo de nuestras vidas está profundamente ligado a cómo aplicamos la sabiduría. La sabiduría que Dios nos da es la que nos permite ver la vida desde una perspectiva celestial (por encima del sol), en lugar de una perspectiva terrenal (por debajo del sol). Cada evento en la vida de los hombres tiene dos lecturas: una celestial y otra terrenal. Por eso es tan importante desarrollar una mente bíblica.

La sabiduría bíblica es la capacidad de ver toda la vida, incluyendo el ministerio, los negocios, los deportes, el entretenimiento, el noviazgo, el matrimonio, las finanzas, los placeres y todas las ofertas de este mundo, a la luz de la eternidad. Si esto es cierto, entonces entendemos mejor lo que Santiago nos quiere decir al recomendarnos que pidamos sabiduría a Dios.

El reconocido pastor y autor Warren Wiersbe cuenta la historia de una de sus asistentes. Ella estaba atravesando por una gran dificultad: había sufrido un infarto cerebral, su esposo se había quedado ciego y había sido ingresado al hospital, donde todos pensaban que iba a morir. Un domingo, el pastor la vio en la iglesia y le dijo que estaba orando por ella. Ella le preguntó qué le estaba pidiendo a Dios. El pastor respondió: "Estoy pidiendo a Dios que te ayude y te fortalezca". Ella le agradeció, pero añadió: "Ore por algo más. Ore para que yo tenga la sabiduría para no desperdiciar todo lo que estoy viviendo".[9] Esa era una mujer que había aprendido a ver toda la vida a la luz de la eternidad, entendiendo que nada es fortuito en la historia de seres humanos. Si no aprendemos las lecciones que Dios quiere enseñarnos a través de cada situación, sufriremos las consecuencias de nuestra falta de sabiduría.

Oración, sabiduría y fe

Santiago nos enseña que debemos pedir sabiduría, pero que al hacerlo debemos pedir con fe, porque de lo contrario no recibiremos cosa alguna del Señor (Stg 1:8). Existe una conexión entre la oración, la fe y la sabiduría.

La señora de la historia anterior nos muestra que incluso para orar necesitamos sabiduría. Por eso le pidió al pastor que orara para que ella no desperdiciara su dolorosa experiencia. A veces, somos capaces de pedir de manera incorrecta, afirmando con nuestros labios que Dios puede sanar una enfermedad, pero al mismo tiempo dudando en

---

[9] Warren Wiersbe, *The Bible Exposition Commentary*, *Vol. 2* (Wheaton: Victor Books, 1989).

nuestros corazones de su bondad. Dios es capaz de concedernos lo que pedimos, y aun así podemos llegar a dudar de que haya sido Él quien lo hizo.

Un ejemplo de esto lo encontramos en Hechos 12:1-16, donde se relata el encarcelamiento de Pedro. Los discípulos estaban orando por su liberación, y Dios respondió enviando a un ángel para sacarlo de la prisión. Una vez liberado, Pedro fue a la casa de Juan Marcos y llamó a la puerta. El texto narra que una sirvienta fue a la puerta y, al reconocer a Pedro, se alegró tanto que, en lugar de abrir, corrió a avisar al grupo que estaba orando. Uno pensaría que ellos darían gracias a Dios de inmediato por haber respondido sus oraciones. Sin embargo, esta fue su respuesta: "¡Estás loca!". Pero ella insistía en que así era. Y ellos decían: "Es su ángel". Pero Pedro continuaba llamando; y cuando ellos abrieron, lo vieron y se asombraron.

Estaban orando por la liberación de Pedro, pero cuando sucedió, no lo creyeron. Incluso llegaron a ofender a Rode, llamándola loca, y prefirieron pensar que Pedro era un ángel. El corazón humano es incrédulo e incurable. Estas personas oraron con doble ánimo: creyeron lo suficiente para orar, pero no lo suficiente para convencerse de que Dios había respondido.

En medio de la dificultad, debemos pedir con sabiduría. Sí, en esos momentos difíciles, solo pedimos a Dios que nos saque de la situación o que proteja nuestra reputación, estamos desperdiciando una oportunidad preciosa para ganar sabiduría, ya que estamos enfrentando la tribulación con una perspectiva completamente egoísta y terrenal. Cada circunstancia que atravesamos apunta a algo que Dios quiere hacer en nosotros, algo que ninguna otra situación podría producir. Por eso es nuestro deber pedir por sabiduría para que salgamos transformados de la experiencia.

Otra ejemplo bíblico sobre cómo pedir con sabiduría lo encontramos en 2 Crónicas 1:7-12, cuando Dios le dijo a Salomón que pidiera lo que quisiera. Salomón respondió: "Dame ahora sabiduría y conocimiento, para que pueda salir y entrar delante de este pueblo; porque, ¿quién podrá juzgar a este pueblo Tuyo tan grande?" (v. 10). Dios se complació con la oración de Salomón porque él no pidió nada de lo que usualmente se pide: ni riquezas, ni bienes, ni gloria, ni fama, ni posesiones materiales. Salomón pidió conforme al corazón de Dios. De hecho, la misma Biblia dice: "Fue del agrado a los ojos del Señor que Salomón pidiera esto" (1 R 3:10).

Dios está dispuesto a concedernos sabiduría cuando la pedimos, porque es la única manera de vivir de acuerdo con sus propósitos.

1. Necesitamos sabiduría para discernir la voluntad de Dios y luego obedecerla.
2. Necesitamos sabiduría para evitar las tentaciones, para reconocerlas cuando son inevitables y para vencerlas cuando ya han llegado.
3. Necesitamos confiar en que Dios suplirá todo lo que podamos necesitar en este mundo pasajero. Esto refleja nuestra confianza en el carácter de Dios.

Jesús nos enseñó a no pedir cosas materiales, que es lo que comúnmente pedimos. En lugar de eso, nos animó a no enfocarnos en lo relacionado con este mundo, y si lo hacemos, que sea de manera secundaria. Podemos ver esta enseñanza en el sermón del monte:

"Así que no se preocupen por todo eso diciendo: '¿Qué comeremos?, ¿qué beberemos?, ¿qué ropa nos pondremos?'. Esas cosas dominan el pensamiento de los incrédulos, pero su Padre celestial ya conoce todas sus necesidades". (Mt 6:31-32, NTV)

Este pasaje quizás nos ayude a entender por qué muchas veces nuestras oraciones son ineficaces. Pedimos continuamente por las necesidades materiales, pero Dios ya prometió proveerlas de manera natural si buscamos primero el reino de Dios y su justicia. Esto no significa que no debemos pedir por un trabajo si estamos desempleados, pero al hacerlo, debemos tener en mente las prioridades del reino de los cielos, incluso en la búsqueda y aceptación de ese trabajo. Salomón entendió esta verdad cuando pidió solo sabiduría para gobernar. Como sabemos por la historia, Dios no solo le concedió sabiduría, sino también todas las demás cosas que normalmente deseamos:

Fue de agrado para el Señor que Salomón pidiera esto. Y Dios le dijo: "Porque has pedido esto y no has pedido para ti larga vida, ni has pedido para ti riquezas, ni has pedido la vida de tus enemigos, sino que has pedido para ti inteligencia para administrar justicia, he hecho, pues, conforme a tus palabras. Te he dado un corazón sabio y entendido, de modo que no ha habido ninguno como tú antes de ti, ni se levantará ninguno como tú después de ti. También te he dado lo que no has pedido, tanto riquezas como gloria, de modo que no habrá entre los reyes ninguno como tú en todos tus días. Y si andas en Mis caminos, guardando Mis estatutos y Mis mandamientos como tu padre David anduvo, entonces prolongaré tus días" (1 R 3:10-14).

La vida de Salomón es prueba de que Dios es la fuente de sabiduría, y que no la poseemos por nosotros mismos; es algo que Dios da. Nuestra sabiduría se mantiene y crece mientras permanecemos conectados a Él. Cuando Salomón se apartó de Dios, perdió toda su sabiduría y se entregó a las pasiones de este mundo. El conocimiento lo podemos adquirir independientemente de Dios, ya que es simplemente información. Pero la capacidad de vivir de manera que agrade a Dios, que nos permita florecer, honrar Su nombre, vivir con un sentido de propósito y nos prepare para la vida venidera, es algo que solo puede ser provisto por Dios.

Santiago nos revela algo más: el carácter bondadoso y generoso de nuestro Dios. Nos dice que Dios da la sabiduría a todos generosamente y lo hace sin reproche, es decir, Dios es un dador generoso e imparcial, y nunca lo hace con mal humor. Después de hablar sobre la sabiduría, Santiago no solo nos dice que la pidamos, sino que la pidamos con fe.

"Pero que pida con fe, sin dudar. Porque el que duda es semejante a la ola del mar, impulsada por el viento y echada de una parte a otra. No piense, pues, ese hombre, que recibirá cosa alguna del Señor, siendo hombre de doble ánimo, inestable en todos sus caminos". (Stg 1:6)

Cuando dudamos, cuestionamos el carácter de Dios y desconfiamos de la única persona en quien podemos confiar completamente en todo el universo, no solo porque Dios tiene el poder de hacer lo que nadie más puede, sino también porque Él es fiel. Cuando Santiago nos llama a pedir sin dudar, no se refiere a que Dios nos dará todo lo que pidamos; más bien, nos invita a confiar en el carácter de Dios, quien escuchará nuestra oración y responderá de una manera superior a nuestra petición. Jesús también nos enseñó a confiar en la benevolencia de Dios al orar: "Así que Yo les digo: pidan, y se les dará; busquen, y hallarán; llamen, y se les abrirá" (Lc 11:9).

Con esto, Jesús nos enseña que cada vez que pidamos, recibiremos, y lo que recibamos será mejor que aquello por lo cual estábamos pidiendo. Sin embargo, debemos creerlo, incluso si lo que recibimos no es exactamente lo que pedimos. Jesús nos asegura que si buscamos, encontraremos; pero también debemos creer que lo que encontraremos será mejor de lo que estábamos buscando, porque proviene de un Padre bondadoso y generoso. Jesús dice: "Llamen, y se les abrirá" (v. 7). Esto ocurrirá en el tiempo y a la manera de Dios, pero debemos aprender a esperar en el Señor, confiando que lo hará en su tiempo y a su manera.

Santiago advierte que quien pide con duda es como las olas del mar, inestables y agitadas, y no debe esperar recibir nada. Tal vez Santiago no se refiere tanto a momentos breves de duda, sino a personas cuya actitud reflejan un estilo de vida marcado por la duda constante. Esto queda claro cuando describe a esa persona como "un hombre de doble ánimo, inestable en todos sus caminos".

El ser humano ha dudado de Dios desde la creación. Llevamos miles de años dudando de Él, y cada vez que lo hacemos nos ponemos en una posición desventajosa para recibir su respuesta. Por eso, Dios condena nuestras dudas sobre si Él actuará o no, o si responderá o no.

Con frecuencia, cuando los cristianos inmaduros en su fe no reciben lo que han estado pidiendo, comienzan a dudar del amor de Dios, de si Él los escucha, de si les importa, o si los ha abandonado. Dudan de si Dios tiene su mayor bien en mente, pero rara vez consideran que tal vez están pidiendo de manera incorrecta o con doble ánimo.

Adán y Eva dudaron de la bondad de Dios y, por ello, cambiaron Su verdad por la mentira, creyendo que Satanás era más creíble que Dios. Y hacemos lo mismo cada vez que elegimos pecar, sabiendo que estamos violando sus límites.

Veamos los siguientes ejemplos:

- Sara dudó de que Dios les daría un hijo a su edad avanzada (Gn 18:11-14).
- Moisés dudó en varias ocasiones durante su llamado (Éx 3).
- Juan el Bautista dudó cuando estuvo preso y envió a sus discípulos a preguntarle a Jesús si Él era el que había de venir o si debían esperar a otro (Lc 7:18-23).
- Pedro dudó mientras caminaba sobre el aguas, y cuando empezó a hundirse, Jesús le dijo: "¿Por qué dudaste?" (Mt 14: 28-31). La duda de Pedro lo hizo hundirse, y lo mismo nos pasa a muchos cuando enfrentamos lo impredecible e incontrolable.
- Tomás dudó de la resurrección (Jn 20:25).

La frase "hombres de poca fe" aparece 5 veces en el evangelio de Mateo. La frase, "Y no hizo muchos milagros allí a causa de la incredulidad de ellos" (Mt 13:58). Su incredulidad limitó la obra de Jesús entre ellos. Esto nos muestra que nuestra falta de fe no pasa desapercibida para Dios. Él no se complace en nuestras dudas y es algo que debemos admitir y de lo que necesitamos arrepentirnos continuamente.

Santiago entendió lo mismo que el autor de Hebreos, quien escribió: "Y sin fe es imposible agradar a *Dios*. Porque es necesario que el que se acerca a Dios crea que Él existe, y que recompensa a los que le buscan" (He 11:6). E.M.Bounds en su libro sobre la oración, escribió: "La oración depende completamente de la fe. Virtualmente, la oración no tiene existencia aparte de la fe, y no logra nada a menos que esta (la fe) sea su compañera inseparable".[10] Cuando la fe es débil, ponemos en duda el carácter Dios, y esto impide que lo mejor de Dios llegue a nuestra experiencia diaria.

Para meditar

Hermano, si quieres tener fe, necesitas conocer más a Dios porque no puedes confiar en alguien a quien no conoces. Mientras más conoces a

---

[10] E. M. Bounds, *The Complete Works of E. M. Bounds on Prayer* (Grand Rapids: Baker Books, 1990), p. 22.

Dios, más desearás recibir lo que Él decida para ti y no lo que tú anhelas. Mientras más conoces a Dios, más te percatas de cuán erradas han sido tus oraciones, porque continuamente pediste conforme a la voluntad de tu corazón, más que conforme a la voluntad del corazón de Dios. No olvidemos cómo Jesús nos enseñó a orar: "Hágase Tu voluntad, así en la tierra como en el cielo" (Mt 6:10). Y luego Cristo fue a Getsemaní y oró: "...pero no sea lo que Yo quiero, sino lo que Tú *quieras*" (Mr 14:36). Esa fue una oración sabia que recibió una gran recompensa.

La oración de Getsemaní no le evitó la cruz a Cristo; pero sí le permitió conquistarla. De manera que, el domingo siguiente, quedó evidenciado que Cristo no fue una víctima clavada a un madero, sino un victorioso que, en apenas tres días:

- derrotó el pecado,
- desarmó los poderes de las tinieblas,
- conquistó la muerte, y
- justificó a millones.

La sabiduría del cielo que llevó a Cristo a la cruz y de la cruz a Su trono, es la misma sabiduría que nos hace atravesar nuestros desiertos, camino a nuestra tierra prometida. Mientras tanto, somos exiliados en tierra extranjera, y las tribulaciones de la vida forman parte de nuestra preparación para entrar en la eternidad.

4

LA ANATOMÍA Y FISIOLOGÍA DE LA TENTACIÓN Y EL PECADO

Bienaventurado el hombre que persevera bajo la prueba, porque una vez que ha sido aprobado, recibirá la corona de la vida que *el Señor* ha prometido a los que lo aman. Que nadie diga cuando es tentado: «Soy tentado por Dios». Porque Dios no puede ser tentado por el mal y Él mismo no tienta a nadie. Sino que cada uno es tentado cuando es llevado y seducido por su propia pasión. Después, cuando la pasión ha concebido, da a luz el pecado; y cuando el pecado es consumado, engendra la muerte. Amados hermanos míos, no se engañen. Toda buena dádiva y todo don perfecto viene de lo alto, desciende del Padre de las luces, con el cual no hay cambio ni sombra de variación. En el ejercicio de Su voluntad, Él nos hizo nacer por la palabra de verdad, para que fuéramos las primicias de sus criaturas. **Santiago 1:12-18**

La forma en que la tentación y el pecado funcionaron en el jardín del Edén, el día que Adán y Eva cayeron, es la misma manera en que funcionan hoy en nosotros. De ahí la importancia de ver este tema con una óptica mucho más amplia. Cuando pensamos en tentación, nuestra mente se dirige inmediatamente a la parte sexual; pero lo cierto es que podemos ser tentados de distintas formas, incluso nosotros, los líderes, podemos ser tentados en áreas como:

- Ser cada vez más autosuficientes.
- Creernos los autores del éxito.
- Creer que necesitamos una plataforma para proyectarnos.
- Usar el poder para favorecernos o como mecanismo de control.
- Tomar atajos para obtener logros más rápidamente.
- Ganar dinero ilícitamente.
- Alterar nuestro currículum vitae.

La realidad es que la lista de tentaciones podría parecer interminable y todas funcionan de manera similar en el interior de aquellos que somos tentados. Quizás, en nuestros días, la necesidad de este tema sea aún mayor, debido a que la mayoría de los púlpitos tratan el pecado con ligereza para evitar ofender a la audiencia; pero este manejo de algo tan destructivo como el pecado lleva al ser humano, y aun a los hijos de Dios, al abismo. Es interesante porque Dios se quejó de algo similar a través de Jeremías, cuando denunció a los líderes en los días del profeta diciendo: "Ofrecen curas superficiales para la herida mortal de mi pueblo..." (Jr 6:14, NTV). Con relación a este punto, John Piper expresa que los líderes de la iglesia debieran enseñar a la iglesia a sentir la seriedad del pecado remanente en nosotros, y con esa preocupación Piper comenta: "En cambio, la profundidad, la complejidad, lo indigno y el peligro del pecado en los cristianos profesantes son minimizados, (ya que nos sentimos justificados), mientras que otras veces son psicologizados como un síntoma de una herida [del pasado] en lugar de ser vistos como una muestra de nuestra corrupción [moral]".[11]

Como pudimos ver en los capítulos anteriores, Santiago se presenta como el autor de la carta en el versículo uno de su primer capítulo; luego, del versículo dos al cuatro, nos habla de tener por sumo gozo las diferentes pruebas de la vida, sabiendo que las dificultades producen paciencia, y la paciencia, carácter probado. Inmediatamente después, en los versículos cinco al ocho, Santiago nos habla de la necesidad de pedir sabiduría para manejar la vida apropiadamente y de pedirla con fe, sin dudar, porque el hombre que duda no debe esperar nada de Dios,

---

[11] John Piper, prólogo en *Overcoming Sin and Temptation: Three Classic Works by John Owen*, versión Kindle (Wheaton: Crossway, 2006), p. 12.

ya que ese hombre es como las olas del mar, inestable en todos sus caminos. Los próximos tres versículos, nueve, diez y once, los cubriremos junto con algunos versículos del capítulo 2 que tratan del mismo tema del prejuicio.

La anatomía y la fisiología humana como analogías

La anatomía humana tiene que ver con las diferentes partes del cuerpo humano: huesos, músculos y órganos. La fisiología humana, en cambio, tiene que ver con el funcionamiento de los diferentes órganos o componentes del cuerpo. La anatomía es estructura y la fisiología es funcionamiento. El corazón es parte de la anatomía; pero cuando ese corazón late y envía sangre a la periferia, esa acción forma parte de la fisiología. En un cadáver tenemos anatomía; pero ya no tenemos fisiología.

A modo de analogía, pensemos en la anatomía del pecado como la presencia de la naturaleza pecaminosa que heredamos de Adán y Eva, más el cuerpo físico (a veces denominado la carne) junto con todos nuestros sentidos: los ojos, que nos permiten ver cosas atractivas y tentadoras; los oídos, que nos capacitan para escuchar palabras y sonidos que pueden estimularnos; el sentido del tacto, que puede ser provocador; el olfato, capaz de percibir aromas que generan sensaciones placenteras; y el sentido del gusto, que nos permite saborear sustancias que nos brindan cierto placer. La naturaleza pecaminosa, junto con nuestros sentidos, forman parte de la anatomía del pecado.

A manera de ilustración, recordemos que:

- Eva vio la fruta y luego la mordió y murió espiritualmente (Gn 3:6-7).
- Acán vio el lingote de oro, y sus ojos lo llevaron a pecar, y eventualmente él y toda su familia murieron apedreados y luego fueron enterrados (Jos 7).
- David vio a Betsabé y, cuando ella concibió, el niño terminó muriendo como parte del juicio. En el texto de hoy, Santiago nos deja ver que el pecado no arrepentido nos lleva a la muerte (2 S 12).

Esas son algunas ilustraciones de por qué Santiago nos dice que: "... cuando el pecado es consumado, engendra la muerte" (Stg 1:15), como ocurrió con los personajes que acabamos de citar. Por eso, no debemos vernos como víctimas de hechos del pasado; más bien, como personas corrompidas por el pecado.

No debemos vernos como víctimas de hechos del pasado; más bien, como personas corrompidas por el pecado.

Pensemos por un momento: un ciego no habría visto la fruta con la que Eva pecó, ni el lingote de oro que llevó a Acán a pecar, ni a la mujer con quien David pecó. Una sola mirada derrotó a cada uno de ellos, porque nuestros sentidos son parte fundamental de la anatomía o del esqueleto del pecado y permiten que este se manifieste en nosotros.

Por otro lado, cuando hablo de la fisiología del pecado, me refiero a cómo funciona la tentación para estimular la naturaleza pecadora. Esta naturaleza pecaminosa reside en nosotros; forma parte de lo que somos. Esto constituye la anatomía de la tentación. La fisiología del pecado es la manera en que la tentación nos seduce y nos arrastra hasta cometer el pecado. Santiago nos muestra claramente que enfrentaremos diversas pruebas mientras avanzamos hacia la meta. Por eso, dice: "Bienaventurado el hombre que persevera bajo la prueba..." (Stg 1:12a). No todo el que participa de la carrera cristiana es bienaventurado; pero el que persevera sí lo es.

La vida cristiana es un maratón. A lo largo del maratón, unos se darán por vencidos y otros perseverarán hasta el final. El que persevera es aprobado, según Santiago, y el aprobado "recibirá la corona de la vida que el Señor ha prometido a los que lo aman" (Stg 1:12b). Según Santiago, la perseverancia en el maratón es señal de que amamos al Señor, porque la corona de la vida es prometida a los que aman a Dios. Los que aman a Dios son aquellos que perseveran; por eso, Cristo enseñó: "Si me amas, obedece mis mandamientos". Cuando obedecemos, damos señal de que amamos a Dios, y cuando desobedecemos, ponemos en evidencia que hay algo que amamos que está por encima de Dios. De manera que la perseverancia hasta el final de la carrera cristiana es la evidencia de que amamos a Dios.

En términos prácticos, permíteme hacer algunas observaciones necesarias que nos ayudarán a perseverar.

En primer lugar, para perseverar no debemos ceder a la presión. Somos presionados tanto desde nuestro propio interior por nuestra naturaleza pecaminosa, y desde el exterior por las diferentes ofertas que el mundo nos hace continuamente. El pecado es nuestro enemigo más peligroso, y no solo está afuera de nosotros, sino que está dentro de nosotros. Esa realidad forma parte de la anatomía del pecado o del esqueleto del pecado. Hasta Cristo fue presionado por la tentación, pero solo desde afuera, como cuando Satanás le ofreció en el desierto, todos los reinos de este mundo si se postraba a sus pies. Cristo nunca fue presionado desde adentro por el pecado porque no había pecado en Él. Si quieres perseverar sin caer, no permitas que Satanás ponga un solo pie en la puerta de tu corazón; cuando se pierde terreno santo, tus emociones comienzan a controlar tu mente. Una vez que cedes terreno de tu mente o de tu corazón a Satanás, la caída es prácticamente inevitable.

El momento de tratar con la tentación es cuando eres atraído; mucho antes de la primera mordida. Una vez que has mordido la fruta, serás atrapado por el veneno del placer.

En segundo lugar, la perseverancia requiere singularidad de propósito: una mente enfocada en lo eterno y una voluntad rendida al Señor que te compró.

En tercer lugar, si no quieres ceder a la presión, necesitas cuidar tu mente. El apóstol Pablo estaba consciente de esa realidad cuando escribió en Romanos 12:2:

"Y no se adapten a este mundo, sino transfórmense mediante la renovación de su mente, para que verifiquen cuál es la voluntad de Dios: lo que es bueno y aceptable y perfecto".

La mente debe ser renovada con la palabra de Dios para no ser conquistada. Solo la sabiduría del cielo renueva la mente. Cada vez que los pensamientos carnales son reemplazados por la verdad de Dios, la mente es renovada. Debemos decirle la verdad a nuestra mente para renovarla. Debemos cuidar nuestra mente, porque es el centro de operaciones: dirige nuestros pensamientos, emociones, decisiones y acciones.

El enemigo sabe que si gana mi mente, gana mi vida. La batalla ruge en mi mente. Dios y Satanás desean mi mente porque ambos saben que mi mente dirige mi vida. El enemigo quiere conformar mi mente a los patrones del mundo, mientras que Dios quiere transformarla por medio de la verdad. La transformación de mi mente requiere exposición, reflexión y aplicación de la verdad:

- Escuchar la verdad me da información.
- Reflexionar acerca de la verdad le da profundidad a la información.
- La aplicación de la verdad produce entonces la transformación.

Todo lo anterior nos ayuda a perseverar en el camino.

Santiago habla de la necesidad y la bendición de perseverar. Quien persevera es el bienaventurado.

"Bienaventurado el hombre que persevera bajo la prueba, porque una vez que ha sido aprobado, recibirá la corona de la vida que el *Señor* ha prometido a los que lo aman". (Stg 1:12)

El primer punto de enseñanza del texto de este capítulo tiene que ver con la perseverancia del creyente y la recompensa que recibirá al final de la carrera. El segundo punto de enseñanza de Santiago tiene que ver con el hecho de que entendamos cuál es el origen de nuestras tentaciones y del pecado que cometemos. Por esa razón, Santiago enfatiza que Dios nunca es el origen de la tentación y mucho menos la causa de nuestro pecado (v. 13).

El ser humano siempre quiere ser exonerado de la culpa, y si otros no lo hacen, él procede a autoexonerarse, como hizo Adán. Adán dijo a Dios que él comió de la fruta debido a "la mujer que tú me diste". Adán parecía estar diciendo: "Si Eva no es la culpable de que yo comiera, entonces eres tú, Dios, porque fuiste tú quien me dio esa mujer".

Esta carta de Santiago revela la verdad acerca de nosotros. Quizás con eso en mente, Santiago escribió: "Que nadie diga cuando es tentado: 'Soy tentado por Dios'. Porque Dios no puede ser tentado por el mal y Él mismo no tienta a nadie" (v. 13). Un Dios que es tres veces santo, cuyos ojos son tan puros que no soporta ver la maldad (Hab 1:13, NTV) y que aborrece el pecado, no puede ser el autor de la tentación y Él mismo no puede ser tentado. En su santidad, Dios puede probarnos; pero no tentarnos:

- La intención de la prueba es el fortalecimiento de nuestra fe y, por tanto, el fortalecimiento de nuestra relación con Dios.
- La intención de la tentación es el debilitamiento de nuestra fe y la destrucción de nuestra relación con Dios.

La prueba está relacionada con nuestra confianza en Dios para permanecer fieles en medio del dolor, de la pérdida, de la falta de provisión económica o de cierta aridez espiritual. En cambio, la tentación estimula nuestra naturaleza pecadora y la pone a soñar con situaciones que luego queremos hacer realidad.

Si no somos cuidadosos, en medio de una prueba, Satanás nos tentará a pecar. A manera de ejemplo, en medio de una prueba relacionada con una dificultad económica que Dios permita, Satanás puede venir a tu lado y tentarte a hacer dinero ilícitamente y tú sentirte justificado porque tienes necesidad. En ese caso, la prueba inicial la trajo Dios; pero la tentación siguiente la trajo Satanás.

Dios puede permitir el mal, como permitió la crucifixión de su propio Hijo; pero no indujo a los malvados a clavar a Cristo en una cruz. Nunca olvides que Dios no es el autor del mal. Todo lo contrario, dice Santiago en los versículos más abajo:

"Amados hermanos míos, no se engañen. Toda buena dádiva y todo don perfecto viene de lo alto, desciende del Padre de las luces, con el cual no hay cambio ni sombra de variación. En el ejercicio de Su voluntad, Él nos hizo nacer por la palabra de verdad, para que fuéramos las primicias de sus criaturas". (Stg 1:16-18)

Dios no es la fuente del mal, ¡jamás! Dios es el origen de todo don perfecto y de toda buena dádiva (v. 17). Si Dios nos hizo nacer de nuevo por medio de la palabra de verdad para ser primicias de sus criaturas, ¿cómo se nos puede ocurrir pensar que Dios es el autor del mal? ¡Imposible!

- La vida física te la dio Dios.
- La vida eterna, si eres creyente, te la dio Dios.
- Los dones y talentos que tienes provienen de Dios.
- Dios es el origen de todo lo bueno y todo lo malo se origina fuera de Él.

Volvamos a la anatomía y fisiología de la tentación y el pecado, que es el eje sobre el cual gira este capítulo. La anatomía del pecado tiene que ver con mi naturaleza pecadora, que es estimulada por lo que ve, lo que oye, lo que toca, lo que huele, lo que piensa.

La fisiología o funcionamiento de la tentación la vemos en los versículos siguientes: "Sino que cada uno es tentado cuando es llevado y seducido por su propia pasión. Después, cuando la pasión ha concebido, da a luz el pecado; y cuando el pecado es consumado, engendra la muerte" (Stg 1:14-15). Santiago está describiendo cómo funciona la tentación que engendra el pecado. Veamos esta traducción del versículo catorce en la versión de la NTV:

"La tentación viene de nuestros propios deseos, los cuales nos seducen y nos arrastran. De esos deseos nacen los actos pecaminosos, y el pecado, cuando se deja crecer, da a luz la muerte".

Según lo que acabamos de leer, nosotros tenemos deseos en nuestro interior como fruto de la naturaleza pecadora que permanece con nosotros. Estos deseos son estimulados cuando se presenta la tentación y son los responsables de nuestras acciones pecaminosas. Recordemos que ya existían en nosotros antes de la tentación; esta solo revela la maldad que existe en nuestro ser. Es como las olas del mar: están ahí, pero cuando vienen los vientos de un huracán, se levantan con fuerza, alcanzan grandes alturas y causan destrucción. Así funciona el pecado en nosotros: las olas están presentes, pero cuando la tentación llega, es el huracán que levanta los vientos de nuestras pasiones y nos mueve hacia la destrucción.

Examinemos cómo funciona la tentación:

Paso #1: La tentación captura la mente.

Paso #2: La mente capturada comienza a imaginar posibilidades.

Paso #3: La imaginación dispara mis deseos por lo prohibido.

Paso #4: Mis deseos no son racionales, son simplemente deseos y, por tanto, son capaces de evadir mi conciencia.

Paso #5: Una vez la conciencia es evadida, estamos listos para activar la voluntad en la dirección de lo deseado.

Paso#6: En ese momento, ponemos a Dios a un lado y, como ya Dios no está en medio de mis pensamientos, muevo mi voluntad para realizar lo que imaginé y lo que mis deseos anhelan. Mi voluntad me mueve cada vez más lejos de Dios y más cerca de la fuente de la tentación, de la cual comenzamos a beber hasta intoxicarnos y morir.

El gran teólogo del pasado, John Owen (1616-1683) decía: "Tienes que matar el pecado o el pecado te matará a ti".[12] Para usar el lenguaje de John Owen, el pecado dentro de nosotros es como "un carbón encendido dentro de nuestras casas", y si no le prestamos atención, terminará incendiando toda la casa.[13] La pasión en nosotros nos mueve a cometer actos pecaminosos. Esto es como Santiago lo dice: "Después, cuando la pasión ha concebido, da a luz el pecado..." (Stg 1:15).

La NTV lo dice de esta otra manera: "De esos deseos nacen los actos pecaminosos...". Primero tenemos la pasión interna que reside en nosotros; luego viene el estímulo y luego vamos y actuamos en la vida lo que había decidido en la mente que haríamos: "... y cuando el pecado es consumado, engendra la muerte" (v. 15).

La pregunta es: ¿cómo interactúa la tentación con nuestra naturaleza pecadora? Como dijimos, la tentación entra por nuestros sentidos: lo que vemos, lo que oímos, lo que tocamos, lo que olemos, lo

---

[12] Kelly M. Kapic, "Life in the Midst of Battle: John Owen's Approach to Sin, Temptation, and The Christian Life", en la introducción de *Overcoming Sin and Temptation: Three Classic Works by John Owen*, versión Kindle (Wheaton: Crossway, 2006), p. 31.

[13] Ídem, p. 27.

que saboreamos; o la tentación es traída a la mente por medio de la imaginación de la misma mente, pero los pensamientos que traigo a mi mente son aquello que he visto u oído, como imágenes o palabras que llegaron a mi mente a través de mis sentidos. De ahí la importancia de transformar la mente. Santiago dice que la tentación estimula nuestras pasiones; eso es parte de la fisiología de la tentación y del pecado. Una vez la pasión es despertada, esa pasión nos arrastra hasta la muerte.

Quizá te estés preguntando: ¿qué es una tentación? Una tentación es un "estímulo que induce el deseo de algo" (Diccionario RAE). En griego, la palabra es "peirasmos".[14] Esa palabra puede ser traducida como prueba o como tentación, según el contexto y la intención de la situación presentada: si la intención es fortalecer tu fe, eso es una prueba traída por Dios. En cambio, si la intención es debilitar tu fe y alejarte de Dios, eso es una tentación traída por Satanás.

Santiago nos dice que cada uno es tentado y seducido por su propia pasión; la pregunta sería ¿cómo? La respuesta a esa pregunta explica la fisiología o el funcionamiento de la tentación. Aquello que nos tienta va a depender de los deseos de nuestro corazón; por tanto, cuando nos sentimos tentados, podemos descubrir dónde estamos con relación a nuestra santificación o podemos ver hasta dónde hemos desarrollado un carácter piadoso. Si aprendemos a no justificarnos como hizo Adán, la tentación puede servir como una alarma que nos deja ver que debemos alejarnos de aquello que nos hace sentir tentados y que nos advierte acerca de un área de nuestra vida que está fuera del señorío de Cristo.

La tentación ocurre usualmente en un área donde has sido previamente tentado; por lo que debo preguntarme: ¿qué he hecho en el pasado para lidiar con esa tentación? Si establezco un límite que no debo cruzar y luego lo violo voluntariamente, me estoy autoengañando al creer que estoy lidiando con mi pecado, cuando en realidad solo lo estoy negando.

---

[14] Concordancia Strong: # 3986.

- La tentación crea una batalla en tu mente. Lo que decidas en tu mente determinará tu victoria o tu derrota en la batalla contra el pecado. Si decides permanecer bajo la tentación o, peor aún, si decides abrazar la tentación, ya declaraste tu derrota. Con frecuencia nos derrotamos a nosotros mismos.
- La tentación se aprovecha de lo que te atrae. Diferentes personas son atraídas y seducidas por diferentes cosas. Unos son seducidos por el éxito; otros por el dinero y la fama; otros por las drogas, otros por la pornografía, otros por el poder.
- La tentación parece llenar una necesidad legítima, pero de manera ilegítima. Quizás tengo necesidad de comida o de medicinas, pero no tengo dinero. Eso no me da derecho a robar.
- La tentación frecuentemente golpea cuando no estás alerta. Cuando estamos cansados, tendemos a bajar las barreras. Puede ser después de una gran victoria, cuando sientes que te mereces alguna relajación o distracción o que te mereces algún premio por la victoria obtenida.
- La tentación usa nuestra imaginación. Esa imaginación crea posibilidades poco usuales, lo cual contribuye a que lo que era un simple interés se convierta en un deseo compulsivo. Esa compulsión se vuelve esclavizante para tu mente y tus emociones. 2 Pedro 2:19, nos advierte al decirnos que "uno es esclavo de aquello que le ha vencido". Por eso, la tentación o el pecado se vuelven compulsivos, porque nos convertimos en esclavos de él.

Así es como la tentación funciona, pero el pecado, una vez concebido, tiene su propia fisiología o funcionamiento que podemos verlo en la historia de Adán y Eva. Después de que Adán y Eva pecaron, su conciencia les dejó ver que estaban desnudos y en pecado. "Y cosieron hojas de higuera y se hicieron delantales" (Gn 3:7). Una experiencia completamente nueva para ellos. Se cubrieron porque experimentaron vergüenza. La vergüenza que experimentamos al pecar es parte de la fisiología del pecado. Esa vergüenza es traída a nosotros por nuestra conciencia, que en ese momento se ha activado. La conciencia nos advierte antes de pecar, se adormece mientras ejecutamos el pecado y se activa mucho más después de pecar y nos acusa.

Lo próximo que leemos en Génesis 3 es que Adán tuvo miedo y se escondió. Después de pecar, tememos que otros se vayan a enterar de nuestro pecado, y ese temor hace que nos escondamos, al igual que Adán y Eva hicieron. El problema es que no podemos escondernos de la persona que ha de juzgar nuestro pecado. El pecado puede ser secreto aquí en la tierra, pero es un escándalo en el cielo. Podemos escondernos de los demás, pero no de Dios.

La conciencia persiste en acusarnos, y como es difícil vivir con esa acusación, racionalizamos y justificamos el pecado cometido, como lo hizo Adán al acusar a Eva de su pecado.

No puedo imaginar lo que Adán y Eva sintieron al escuchar la voz de Dios anunciando las consecuencias, pero ya era tarde. El problema es que la tentación promete placer; pero nuestras pasiones nos ocultan las consecuencias, como sucedió con la fruta en el huerto del Edén. El placer es efímero y temporal, pero las consecuencias del pecado son duraderas. Adán y Eva nunca imaginaron que la humanidad sufriría por milenios a causa de haber mordido una fruta.

Para meditar

En una ocasión, escribí diez leyes del pecado que creo vale la pena revisar en este capítulo acerca de la anatomía y fisiología del pecado:[15]

Primera ley: El pecado te llevará más allá de dónde pensabas llegar. Decimos "es que solo pienso llegar hasta aquí" o "créeme, que esto está bajo control". Lo que estaba bajo control termina controlándote a ti. A su tiempo, controlará tu corazón, y lo que controla tu corazón controlará también tus emociones y, eventualmente, toda tu mente. Tu vida queda sometida al pecado.

Segunda ley: El pecado te alejará por más tiempo de lo que habías pensado. "Es solo un par de días...", y los días se convierten en semanas, y las semanas en meses, y en muchas ocasiones en años. El pecado de

---

[15] Publicado originalmente en *Coalición por el Evangelio*, "Las diez leyes del pecado", 22 de agosto de 2014. Disponible en: https://www.coalicionporelevangelio.org/articulo/las-10-leyes-del-pecado/.

David lo alejó por mucho tiempo de Dios. Ver Sal 32 y 51, donde David confiesa su pecado.

Tercera ley: El pecado te costará más de lo que querías pagar. Te costará tu integridad, tu reputación, tu paz. Puede llegar a costarte tu esposa o esposo, tus hijos, tus amigos, tu trabajo, tu ministerio y tu iglesia. Ver 2 S 11-13.

Cuarta ley: Pecas a tu manera, pero tienes que regresar a la manera de Dios. Él determina los términos de tu regreso, y sus caminos pueden ser largos y difíciles. La restauración del pecado es un proceso. Por eso escribió David en el salmo 51:

> v. 8a: "Haz que se regocijen los huesos que has quebrantado".
>
> v. 12: "Restitúyeme el gozo de Tu salvación, Y sostenme con un espíritu de poder".
>
> v. 13: "*Entonces* enseñaré a los transgresores Tus caminos, Y los pecadores se convertirán a Ti".

David prometió que, una vez Dios le devolviera el gozo de su salvación, entonces, con lo aprendido, él se dedicaría a enseñar a otros para que los pecadores se conviertan a Dios.

Quinta ley: El pecado engendra pecado. Una vez pecas, te ves en la necesidad de pecar nuevamente para encubrir tu primera falta. Como pasó con David, que luego de adulterar, mintió y después fue capaz de cometer homicidio contra el esposo de Betsabé, y luego se llevó a Betsabé a su casa tratando de ocultar lo sucedido (2 S 11).

Sexta ley: El pecado te lleva a justificar lo que has hecho. El peso de la culpa y la necesidad de lucir bien ante los demás, te llevarán a explicar y justificar tu pecado. Ahora pecarás de autojustificación y luego pagarás por ello. En 1 Samuel 15 leemos cómo Saúl desobedeció a Dios, quien había ordenado destruir a los amalecitas y no tomar nada de sus posesiones. Pero Saúl perdonó al rey Agag y tomó lo mejor del ganado con el pretexto de sacrificarlo para Dios. Ese día, Dios desechó a Saúl para siempre.

Séptima ley: El placer es efímero y temporal, pero las consecuencias del pecado son duraderas. El placer que te produce el pecado en el que incurres es de mucho menor duración que las consecuencias que te acarrea el haber pecado. No hay mejor ejemplo que la noche de placer de David con Betsabé y las largas consecuencias que vinieron sobre su vida y su familia.

Octava ley: No hay pecado oculto que Dios no ponga de manifiesto. Cristo lo dijo con estas mismas palabras en Mateo 10:26, Marcos 4:22; Lucas 8:17 y Lucas 12:2.

Novena ley: Mi pecado comienza cuando yo quiero, pero las consecuencias comienzan cuando Dios quiera. De hecho, Dios puede visitar la iniquidad de los padres hasta la tercera y cuarta generación. Dios postergó el exilio del pueblo de Israel a Babilonia por casi 150 años, pero las consecuencias finalmente llegaron.

Décima ley: Nadie se burla de Dios. "No se dejen engañar, de Dios nadie se burla; pues todo lo que el hombre siembre, eso también segará" (Gá 6:7). Dios ve lo que hacemos en secreto. Podemos escondernos de las personas; pero nunca de Dios, quien es el que juzga nuestros actos.

No juguemos con el pecado, porque puede salirnos muy costoso y por mucho tiempo.

5

OÍR ES INFORMACIÓN, OBEDECER ES TRANSFORMACIÓN

En el ejercicio de su voluntad, Él nos hizo nacer por la palabra de verdad, para que fuéramos las primicias de sus criaturas. Esto lo saben, mis amados hermanos. Pero que cada uno sea pronto para oír, tardo para hablar, tardo para la ira; pues la ira del hombre no obra la justicia de Dios. Por lo cual, desechando toda inmundicia y todo resto de malicia, reciban ustedes con humildad la palabra implantada, que es poderosa para salvar sus almas. Sean hacedores de la palabra y no solamente oidores que se engañan a sí mismos. Porque si alguien es oidor de la palabra, y no hacedor, es semejante a un hombre que mira su rostro natural en un espejo; pues después de mirarse a sí mismo e irse, inmediatamente se olvida de qué clase de persona es. Pero el que mira atentamente a la ley perfecta, la ley de la libertad, y permanece en ella, no habiéndose vuelto un oidor olvidadizo sino un hacedor eficaz, este será bienaventurado en lo que hace.
Santiago 1:18-25

Continuamos examinando de manera sistemática el primer capítulo de la carta que Santiago, enviara a un grupo de judíos cristianos que se encontraban en diferentes localidades. Como advertimos al inicio, Santiago expone a una serie de enseñanzas diferentes de manera sucinta, una detrás de la otra. En primer lugar, Santiago nos dice que debiéramos ver las pruebas y dificultades con sumo gozo por la manera en que Dios usa dichas pruebas para formar nuestro carácter. En segundo lugar, Santiago nos habla de qué hacer si en un momento dado nos falta sabiduría. En ese caso, su consejo es muy sencillo: debemos pedir dicha sabiduría con fe y sin dudar, porque Dios se complace en darla en abundancia. En tercer lugar, Santiago nos enseña cómo pensar acerca de las tentaciones, y enfatiza el hecho de que cuando somos tentados, debemos recordar que somos tentados por nuestra propia pasión.

Pero ahora Santiago pasa a enseñarnos a cómo responder o reaccionar al oír la Palabra de Dios.

No hay duda de que el texto que nos proponemos examinar habla de la palabra de Dios, la cual es mencionada simplemente como "la palabra" en los versículos 18, 21, 22 y 23. En el versículo 25, Santiago hace referencia a la palabra como la ley de la libertad, que es básicamente otra forma de referirse a la palabra. En ocho versículos, la palabra se menciona cinco veces.

Dada la forma en que Santiago presenta sus enseñanzas, creo que la mejor manera de examinarlas es haciendo una lista de cada una de las enseñanzas presentadas por Santiago en este texto de su carta.

Enseñanza n.º 1: la Palabra de Dios tiene poder para dar vida a lo que antes estaba muerto.

Esta verdad se identifica a primera vista en el versículo 18: "Él nos hizo nacer por la palabra de verdad". Notemos que el texto claramente dice que Dios nos hizo nacer de nuevo por medio de su palabra. Y esa es la manera en que Dios ha hecho todo. Dios habla y las cosas suceden. La iniciativa de nuestra salvación provino de Dios. El texto no dice que nosotros nacemos, sino que Dios nos hizo nacer. Cristo, el buen pastor, salió a buscarnos:

- Lo hizo cuando no le estábamos buscando,
- cuando no teníamos interés en él,
- cuando andábamos en la oscuridad de nuestras mentes y
- cuando estábamos perdidos en nuestras pasiones.

Según Ro 5:10, incluso éramos enemigos de Dios. En esas condiciones, Dios nos hizo nacer por la palabra de verdad. Eso es exactamente lo que Pablo escribe en Ro 10:17: "... la fe viene del oír, y el oír, por la palabra de Cristo". Pedro nos dice en 1 P 1:23 que renacemos mediante la palabra de Dios. Así pues, Pedro, Pablo y Santiago coinciden en que nacemos por medio de la Palabra de Dios o la palabra de verdad. Y eso ocurre al oírla o leerla, que sería el equivalente. Nosotros nacemos de nuevo o pasamos de la muerte a la vida por medio de la Palabra de Dios. Por eso Cristo dijo: "... las palabras que Yo les he hablado son espíritu y son vida" (Jn 6:63). En el libro de Ezequiel se nos dice que es la palabra que tiene el poder de dar vida.

"Entonces me dijo: «Profetiza sobre estos huesos, y diles: 'Huesos secos, oigan la palabra del Señor'. Así dice el Señor Dios a estos huesos: 'Voy a hacer que en ustedes entre espíritu, y vivirán'". (Ez 37:4-5)

Según la visión, estos huesos volverían a la vida, después de escuchar la palabra del Señor. Los huesos hacen referencia a la nación de Israel y a su futuro cuando Dios volviera a trabajar en ella.

Enseñanza n.º 2: a la hora de escuchar la palabra, es preferible que seas un buen aprendiz de la palabra, siendo, "pronto para oír" y que seas "tardo para hablar", sin querer convertirte en maestro de otros muy rápidamente.

Como el énfasis es la palabra, algunos entienden que este versículo 19 vuelve a hacer referencia a la palabra, al interpretar la frase, "pronto para oír" como una forma de decir, "aprende bien la palabra" y "tardo para hablar" como una forma de decir "no quieras enseñar muy pronto; más bien, vive lo que aprendes antes de enseñarlo". Fíjate cómo Santiago nos advierte en 3:1: "Hermanos míos, que no se hagan maestros muchos de ustedes, sabiendo que recibiremos un juicio más severo". A menudo queremos enseñar a otros lo que nosotros no estamos viviendo. Otras veces, condenamos a otros por pecados que nosotros mismos practicamos. Seamos "pronto para oír" y "tardo para hablar", ese el consejo de Santiago.

Otros toman este texto y lo aplican también al hecho de que debemos ser "pronto para oír" todo tipo de consejo sabio o piadoso, reconociendo que nosotros necesitamos la sabiduría de otros para actuar correctamente. Por otro lado, meditemos más a fondo acerca de lo aprendido antes de hablar. Esto es consistente con Proverbios 10:19: "En las muchas palabras, la transgresión es inevitable, pero el que refrena sus labios es prudente". Por eso se ha dicho que "el necio siempre tiene que decir algo", como fue el caso de Pedro antes de la crucifixión de Cristo. En cambio, "el sabio, siempre tiene algo que decir, y no necesariamente lo dice", como hizo Cristo en múltiples ocasiones. El sabio muchas veces conoce información que prefiere callar, pero el necio con frecuencia habla de aquello que no sabe.

Este versículo de Santiago, en su aplicación más amplia, es un llamado:

- A la prudencia.
- A no repetir lo que escuchamos de otros, sin conocer los hechos a fondo.
- A no especular, sobre todo acerca de lo que ignoramos.
- A poner fin al chisme, a la calumnia.
- A no condenar cuando yo soy condenable de lo mismo.
- A no hablar de aquello que sabemos que Dios condena.

Este es uno de los varios versículos que Santiago utiliza para llamarnos a controlar nuestra lengua. Santiago sabe que de la abundancia del corazón habla la boca. Por tanto, cada vez que hablamos estamos dejando ver de qué están llenos nuestros corazones. Por otro lado, Santiago nos recuerda que lo peor que podemos hacer es dejar que la ira controle nuestra lengua y, por eso, nos llama a ser lentos para la ira; "pues la ira del hombre no obra la justicia de Dios" (v. 25).

La ira no complace a Dios, ni tampoco lo que hablamos, hacemos o planeamos estando airados, porque la ira suele ser la expresión externa de un corazón resentido. A la luz de 1 Corintios 13:5, la ira es falta de amor, porque el amor no se irrita, ni se comporta indecorosamente. La ira es contraria a la mansedumbre que Cristo nos llamó a aprender de Él. Todo lo anterior es consistente con la enseñanza del autor de Proverbios 14:29: "El lento para la ira tiene gran prudencia, pero el que es irascible ensalza la necedad".

Enseñanza n.º 3: la palabra debe ser recibida con humildad, y la humildad facilita mi santificación.

Observemos la claridad con la que Santiago enseña este principio: "Por lo cual, desechando toda inmundicia y *todo* resto de malicia, reciban ustedes con humildad la palabra implantada, que es poderosa para salvar sus almas" (Stg 1:21). En ese versículo, Santiago nos llama a recibir la palabra con humildad. La persona orgullosa no recibe la palabra, sino que la oye; pero no le da la bienvenida, y al no darle la bienvenida, la palabra no lo puede transformar. La falta de humildad hace que la persona oiga la palabra y la aplique a otra persona. La humildad es necesaria para que la palabra pueda hacer su obra en nosotros y es el terreno donde crecen todas las virtudes. El orgullo nos impide recibir y someternos a la voluntad de Dios expresada en su palabra.

- Resiste la voluntad de Dios expresada en su palabra;
- reinterpreta la palabra para justificar su pecado;
- dice no necesitar maestros porque él o ella tiene el Espíritu Santo;
- dice no necesitar el cuerpo de Cristo porque él o ella "resuelve con Dios";
- decide no leer ciertos pasajes que no acepta porque le confrontan, pero no lo dice;
- puede sentir convicción de pecado al leer la Biblia, pero le cuesta cambiar de conducta o pedir perdón.

En el mismo versículo (1:21) se nos insta a desechar toda inmundicia y todo resto de malicia. Recuerda que Santiago ya nos dijo que nosotros nacemos de nuevo por medio de la palabra. Ahora, como nuevas criaturas, no debemos permanecer viviendo y celebrando lo profano, la inmundicia y la malicia. Eso es negar al Señor que nos compró. Pedro negó al Señor una

> **La humildad es necesaria para que la palabra pueda hacer su obra en nosotros.**

noche; pero el que dice ser cristiano y celebra lo profano, niega al Señor cada día. La persona humilde recibe la palabra y se somete al poder de transformación, mientras que el orgulloso la resiste.

Santiago habla de recibir la palabra y de desechar toda inmundicia en el mismo versículo, por lo que entendemos que la palabra nos ayuda a apartarnos del pecado. El salmista escribió: "Afirma mis pasos en Tu palabra, y que ninguna iniquidad me domine" (Sal 119:133). La Reina Valera Contemporánea traduce este versículo de la siguiente manera: "Ordena mis pasos con Tu palabra, para que el pecado no me domine". La Palabra de Dios organiza y ordena la mente y la vida del cristiano. Sin la Palabra, nuestras vidas seguirán desordenadas y nuestras prioridades invertidas.

Enseñanza n.º 4: la palabra escuchada que no se vive no sirve de nada, no pasa de ser mera información.

La transformación requiere de obediencia si ha de tener algún efecto en nosotros. De ahí el énfasis de Santiago en relación con la necesidad de obedecer las enseñanzas de la Palabra:

"Sean hacedores de la palabra y no solamente oidores que se engañan a sí mismos. Porque si alguien es oidor de la palabra, y no hacedor, es semejante a un hombre que mira su rostro natural en un espejo; pues después de mirarse a sí mismo e irse, inmediatamente se olvida de qué clase de persona es. Pero el que mira atentamente a la ley perfecta, la ley de la libertad, y permanece en ella, no habiéndose vuelto un oidor olvidadizo sino un hacedor eficaz, este será bienaventurado en lo que hace". (Stg 1:22-25)

Con estas palabras, Santiago hace más que una radiografía de la fe de dos tipos de personas; más bien, hace una "resonancia magnética espiritual" de dos tipos de creyentes.

Estos dos creyentes:

- leen la Biblia, quizás con regularidad,
- creen la misma doctrina,
- ofrendan o diezman,

- pertenecen a un grupo de parejas o de jóvenes adultos,
- oran los miércoles en la iglesia,
- levantan las manos cuando adoran,
- han hecho profesión de fe, se han bautizado y
- usan el mismo lenguaje: "siervo", "para la gloria de Dios"; incluso
- dicen amén a los sermones predicados.

Pero en sus casas, en el trabajo, en sus círculos sociales, en sus finanzas, en sus tarjetas de crédito, libros de cheques, libreros, en las páginas web que visitan y hasta en sus redes sociales, la vida de uno de los dos creyentes es de una manera y la del otro es de otra manera. Externamente y frente a los hermanos, esas vidas se parecen, en la iglesia; pero el resto de la semana, esas dos vidas lucen muy diferentes. Imagina que una de esas dos personas lleva años luchando contra el mismo pecado y no ha podido superarlo. La otra persona luchaba contra el mismo pecado, pero lo dejó atrás. ¿Cuál es la diferencia? Santiago nos da la respuesta sobre estas dos personas:

- Una oía la palabra, pero no hacía nada más. Solo era un gran oidor.
- La otra persona, oía la palabra, la meditaba, entendía sus implicaciones y aplicaciones y, finalmente, la ponía en práctica.

Santiago compara la palabra con un espejo. Explica que el oidor de la palabra es como alguien que se mira en un espejo y se da cuenta de que no está bien vestido o peinado. Sin embargo, al apartarse del espejo, olvida cómo se veía, al hacerlo, se queda con la idea de que luce bien. Santiago dice que esa persona está autoengañada. Ahora bien, nota que no ha sido engañada por otros, sino que se ha engañado a sí misma. De la misma forma, se puede llevar una "vida cristiana" sin negarse a sí misma, sin morir a sí misma y sin dejar atrás el mundo. Ese mismo mundo al que Santiago se refiere cuando nos insta a dejar a un lado todo tipo de inmundicia y malicia. A esta persona, Santiago le llama un "oidor olvidadizo" de la palabra.

La otra persona se mira en el espejo, que es la palabra, y al ver que está despeinada, mal vestida, y desaliñada (espiritualmente hablando), comienza a aplicar la palabra para enderezar su vida conforme a la Palabra de Dios. A esta persona, Santiago le llama "hacedor de la palabra".

Memorizar la Palabra sin entenderla nos convierte en simples oidores, pero no en hacedores. Estudiar la palabra solo para señalar los errores de otros nos convierte en fariseos, pero no en hacedores. Conocer la palabra y no aplicarla me hace más responsable y culpable por no ser un hacedor, sino solo un oidor. Cristo experimentó esa frustración antes que Santiago, y de manera más profunda, como lo muestra en la parábola narrada en Lucas 6:46-50:

> "¿Por qué ustedes me llaman: 'Señor, Señor', ¿y no hacen lo que Yo digo? Todo el que viene a Mí y oye Mis palabras y las pone en práctica, les mostraré a quién es semejante: es semejante a un hombre que, al edificar una casa, cavó hondo y echó cimiento sobre la roca; y cuando vino una inundación, el torrente dio con fuerza contra aquella casa, pero no pudo moverla porque había sido bien construida. Pero el que ha oído y no ha hecho *nada*, es semejante a un hombre que edificó una casa sobre tierra, sin *echar* cimiento; y el torrente dio con fuerza contra ella y al instante se desplomó, y fue grande la ruina de aquella casa".

Jesús usa el mismo lenguaje que Santiago:

> "...el que viene a Mí y oye mis palabras y las pone en práctica, dice Cristo es el constructor que cavó hondo y edificó sobre la roca...". (Lc 6:47-48)

> "...el que ha oído y no ha hecho *nada*, es el hombre que oyó, pero no hizo. Ese es el constructor "que edificó una casa sobre tierra, sin *echar* cimiento...". (Lc 6:49)

El texto paralelo del Evangelio de Mateo es aún más enfático: "No todo el que me dice: 'Señor, Señor', entrará en el reino de los cielos, sino el que hace la voluntad de Mi Padre que está en los cielos. Muchos me dirán en aquel día: 'Señor, Señor, ¿no profetizamos en Tu nombre, y en Tu nombre echamos fuera demonios, y en Tu nombre hicimos muchos milagros?'" (Mt 7:21-22).

John Stott[16] hace una buena observación sobre la confesión que hacen estas personas. Él señala varios aspectos sobre la confesión "Señor, Señor":

- En primer lugar, es diplomática, ya que le llaman "Señor".
- En segundo lugar, es ortodoxa, porque reconocen su señorío al llamarle Señor.
- En tercer lugar, es ferviente, al repetir la palabra: "Señor, Señor".
- En cuarto lugar, es pública, ya que dicen: "En tu nombre predicamos, hicimos milagros y echamos fuera demonios".

Según estas palabras de Jesús que acabamos de leer, el que entra en el reino de los cielos, es aquel que hace la voluntad de su Padre; en otras palabras, el hacedor. La obediencia marca la diferencia. **Oír es información; obedecer es transformación.** No nos autoengañemos escuchando solamente; tenemos que poner en práctica lo que oímos. Santiago cierra sus enseñanzas sobre este tema con las siguientes palabras:

"Pero el que mira atentamente a la ley perfecta, la ley de la libertad, y permanece en ella, no habiéndose vuelto un oidor olvidadizo sino un hacedor eficaz, este será bienaventurado en lo que hace". (Stg 1:25)

Una vez más, el llamamiento es a no ser un oidor olvidadizo, sino un hacedor eficaz. Dicho de otra manera, se trata de ser un creyente obediente a la palabra y no un oyente de la palabra que se autoengaña pensando que oír y aún memorizar la palabra es similar a obedecerla. Santiago claramente nos dice que es el hacedor eficaz, es el que será bienaventurado en lo que hace. El hacedor y el hacedor eficaz; no el

---

[16] John W. Stott, *Christian Counter-Culture* (Downers Grove, IL: Intervarsity Press, 1978), pp. 206-207.

hacedor a medias. A veces pensamos que si obedecemos a medias es mejor que desobedecer y se nos olvida que la obediencia a medias es desobediencia completa.

¡Cristo afirmó lo mismo en Lucas 11:28: "¡Antes bien, bienaventurados los que oyen la palabra de Dios y la obedecen!". Obedecer trae la bendición; ninguna otra acción lo hará.

Santiago llama a la ley de Dios "la ley perfecta, la ley de la libertad". La ley de Dios es perfecta porque revela su carácter, su voluntad perfecta y soberana, y nos enseña cómo el ser humano puede conocer a Dios, ser salvo, crecer en santidad y relacionarse con Él. La ley de Dios refleja quién es Dios en su esencia y ese Dios está por nosotros y no contra nosotros (Ro 8:31). La ley de Dios es la ley de la libertad porque nos advierte acerca de los pecados que nos esclavizan y nos roban de las bendiciones que Dios quiere darnos. En hebreo, la palabra traducida como "ley de Dios" es "Torá", que significa enseñar o instrucción. Por tanto, la ley es didáctica, más que legal o punitiva.

Dios dio a Adán y Eva su ley para evitar las consecuencias de su caída y las de sus descendientes. Ellos trivializaron la ley de Dios y el futuro magnificó las consecuencias que Dios quería evitarles. Por eso Dios dice que sus mandamientos no son gravosos. Las consecuencias de violar su ley son gravosas. La ley se decretó con el propósito de ofrecer libertad a quienes la aceptaran y la cumplieran. El salmista escribió en el Salmo 119:97: "¡Cuánto amo tu ley!". El salmista vio las bendiciones de vivir bajo la ley de nuestro buen Dios. El autor del salmo nunca la sintió como una imposición de parte de Dios, ni como un juicio ni una restricción, sino que la abrazó como un recurso de protección de parte de un Dios que nos ama y a través del cual nos otorga discernimiento y buen juicio.

Cuando una persona pone en práctica la palabra, esto es lo que ocurre:

- Escucha la palabra, y esto confronta su forma anterior de vivir.
- Cambia sus convicciones anteriores por nuevas convicciones.
- Las nuevas convicciones transforman su forma de pensar.
- Su nueva forma de pensar cambia su voluntad.
- El cambio de la voluntad transforma su estilo de vida.

El oidor, por otro lado, solo escucha la palabra, la disfruta momentáneamente; admira al predicador como un hombre de Dios, pero no tiene la más mínima intención de convertirse en alguien como él. Piensa: *Este texto está bien para personas como él; pero yo no estoy en ese nivel, y no me preocupa porque no soy predicador.*

En una ocasión, estaba hablando en una iglesia de Carolina del Norte y mencioné que aquellos que hablan, pero no hacen son como el médico obeso que les dice a sus pacientes lo perjudicial que es la obesidad. Ese médico sabe lo que dice, pero ese conocimiento no lo cambia porque está dispuesto a aceptar las consecuencias de la obesidad con tal disfrutar de la comida. Así es con aquellos pecados que seguimos practicando, confiando en que, por la gracia de Dios, Él nos comprenderá. Por supuesto, Dios te entenderá, pero lo que entenderá es que amaste más tu pecado que a Él. Eso es lo que entenderá.

En la audiencia estaba un pastor con una gran barriga, muy jocoso. Se acercó a alguien y, pasándose la mano por la barriga, dijo: "Oye, cuando escuché al pastor Núñez hablar del médico y la obesidad, me alegré de no ser médico". Así habla el oidor: "Eso es para el predicador, y está muy bien". Sin embargo, esa persona sale de la iglesia, sin ningún compromiso de cambiar su conducta porque "él no es predicador".

Cristo dice, predicador o no:

- El que no hace la voluntad de mi Padre no entra en el reino de los cielos.
- Si no vas a hacer lo que te digo, no me llames: "Señor, Señor".
- No hagan como los escribas y fariseos, "porque ellos dicen y no hacen" (Mt 23:2).
- El que no carga su cruz y me sigue, no puede ser Mi discípulo".

Pablo escribe a Tito (1:6) acerca de personas que dicen conocer a Dios, pero lo niegan con sus acciones. En otras palabras, afirman ser seguidores de Jesús, pero no siguen sus enseñanzas.

Hermanos, en una época donde no cuesta ser evangélico, es fácil ser cristiano culturalmente, pero Dios sabe quiénes son cristianos culturales y quiénes son cristianos espirituales. No es la cultura evangélica la que salva, ni siquiera el mensaje evangélico que salva, sino la conversión evangélica. El Señor sabe quiénes exhiben la cultura evangélica y quiénes tienen el alma o el espíritu evangélico. El problema está en que la cultura evangélica se adquiere con relativa facilidad:

- Aprendes a hablar como evangélico diciendo frases como: "Yo todo se lo presento al Señor" y diciendo "amén" a todo lo que alguien menciona en relación con Dios.
- Cambias tu forma de vestir los días que vas a la iglesia, pero cualquier otro día está bien si luces como un incrédulo.
- Para las bodas, te tomas una dispensa especial y, en esos casos, puedes tener un escote pronunciado y puedes enseñar el busto, porque, después de todo, es tu día, el día de la novia. Hermanos, el día de la boda no es el día de la novia. El día de la boda es el día de representar a Cristo en unión con su Iglesia. No es un día de banalidades ni frivolidades, ni de "horas locas", porque no estamos locos. No intentemos cristianizar, lo que no caracteriza a Cristo.
- Invitas a Jesucristo a tu corazón, sin arrepentirte ni pedir perdón por tus pecados. Eso era antes, cuando había que arrepentirse; ahora, solo se invita al corazón.
- Dejas a un lado los pecados extremos, como el alcoholismo, las drogas y las relaciones extramatrimoniales, pero puedes seguir viendo sensualidad, violencia y escuchando lenguaje vulgar en las películas, porque ahora todas son así y Dios entiende que no podemos vivir sin ver películas.
- Te bautizas como adulto y "bingo", ya estás dentro de la familia de Dios.

Eso piensan muchos, pero no Cristo. Hoy en día, nadie quiere pagar el precio de ser cristiano y prefieren culturalizar la fe cristiana.

Para meditar

- Nadie quiere un estándar de vida más exigente, porque eso es legalismo.

- Nadie quiere perder popularidad y hacen lo que sea para mantenerse populares.
- Nadie quiere ser llamado fanático por ser radical en su forma de vivir.
- Nadie quiere ser considerado estrecho de mente, para no ser rechazado. Es mejor ser "cool".
- Nadie quiere sentirse solo, y prefiere la compañía de los hombres antes que la compañía de Cristo.

En la época de Atanasio de Alejandría, en el siglo IV (años 300), se discutió la divinidad de Jesús debido a una herejía apoyada por el obispo Arrio de Alejandría y muchos de sus seguidores. Atanasio estaba siendo presionado para que desistiera de defender la divinidad de Cristo, y llegó un momento en que parecía que era el mundo entero contra él. Sin embargo, este hombre se mantuvo firme en la defensa de la fe, hasta el punto de ganarse el calificativo de "Atanasio contra el mundo".

"Atanasio vivió cuando la sangre de los primeros mártires de la Iglesia aún estaba fresca en la memoria de los cristianos y su intensa fe fue un tributo a aquellos que habían sufrido y muerto en lugar de renegar de la fe apostólica. Los biógrafos lo describen como de pequeña estatura y apariencia austera, con un cuerpo que mostraba claros signos de su vida rigurosamente ascética. Atanasio era egipcio, de piel oscura, ojos hundidos y penetrantes, y tenía una mente tan aguda como su mirada".[17] Su pequeña estatura era mayor que la dimensión de su mundo, porque los hombres de Dios no se miden por su tamaño físico, sino por la magnitud de su carácter piadoso.

---

[17] Fr. Steve Grunow, "St. Athanasius Against the World", 2 de mayo de 2016, https://www.wordonfire.org/articles/contributors/st-athanasius-against-the-world/.

6

NUESTROS CORAZONES ESTORBAN NUESTRAS ORACIONES

¿De dónde vienen las guerras y los conflictos entre ustedes? ¿No vienen de las pasiones que combaten en sus miembros? Ustedes codician y no tienen, por eso cometen homicidio. Son envidiosos y no pueden obtener, por eso combaten y hacen guerra. No tienen, porque no piden. Piden y no reciben, porque piden con malos propósitos, para gastarlo en sus placeres. **Santiago 4:1-3**

Sir Leonard Wood fue un médico y militar estadounidense que sirvió como jefe de Estado Mayor del Ejército de los Estados Unidos alrededor de 1860 y murió en 1927. Cuenta la historia que este médico militar de alto rango visitó una vez al rey de Francia. El rey quedó tan complacido con él que lo invitó a volver. Al día siguiente, el jefe del Estado Mayor fue al palacio, y el rey lo recibió en uno de los pasillos. Al verlo, le dijo: "¿Por qué está aquí, Sir Leonard?, No esperaba verlo. ¿Cuál es la razón de su visita hoy?". Él respondió: "¿No me invitó Su Majestad a cenar con usted?". "Sí", respondió el rey, "pero no respondió a mi invitación". A lo que Sir Leonard Wood contestó: "¿La invitación de un rey no debe ser respondida, sino obedecida?".[18]

---

[18] King, "King's Invitation Are to Be Obeyed (True Life Story)", publicado el 17 de febrero de 2017. Disponible en: https://niolemblog.wordpress.com/2017/02/17/kings-invitation-are-to-be-obeyed-true-life-story/.

El Rey del universo nos ha hecho una invitación para que vayamos a hablar con Él en cualquier momento del día, en cualquier circunstancia y en cualquier lugar, pero con frecuencia no acudimos a su invitación a menos que estemos en problemas. Cuando encontramos algo ordenado en su palabra, eso es una invitación a la obediencia. Sus palabras no son para ser cuestionadas, sino para ser obedecidas. Millones de personas en todo el mundo oran todos los días; sin embargo, la mayoría no está satisfecha con su experiencia de oración ni con los resultados. La pregunta es: ¿por qué?

En este capítulo trataremos de responder por qué la mayoría de las personas que oran no están satisfechas ni con la experiencia ni con los resultados obtenidos. Continuamos estudiando la carta de Santiago, pero en lugar de continuar en el capítulo dos, daremos un salto hasta el capítulo cuatro para seguir enfatizando el tema de la oración que ya abordamos previamente. De esta forma, no nos alejamos tanto de este tema tan importante.

El mundo vive hoy momentos poco comunes y, en medio de esas circunstancias, Dios ha inquietado mi espíritu para que iniciemos un movimiento de oración extraordinaria, como lo llamó Jonathan Edwards. Mi deseo es que ese movimiento pueda extenderse a múltiples pastores e iglesias locales.

Como bien señaló Mark Rogers en un artículo publicado en la revista *IX Marks*, el 14 de junio de 2022: "Jonathan Edwards [el gran teólogo norteamericano] creía firmemente que el avivamiento era obra de Dios, no del hombre. Sin embargo, Edwards también creía que Dios no trae avivamiento a su pueblo separado de los instrumentos humanos. En otras palabras, Dios inicia el avivamiento, pero lo hace después de que Él mismo ha movido a su pueblo a un movimiento extraordinario de oración. Edwards creía que la Biblia, y especialmente la profecía bíblica, señalaba tres medios específicos que serían parte de los grandes avivamientos que Dios enviaría: (1) difundir las noticias de la obra de Dios; en decir, hablar de lo que Dios está haciendo (2) la predicación de la verdad y (3) la oración unida".[19]

---

[19] Mark Rogers, "Jonathan Edwards, Revival, and the Necessary Means of Prayer", revista *IX Marks*. Disponible en: https://www.9marks.org/article/jonathan-edwards-revival-and-the-necessary-means-of-prayer/.

Al final del capítulo 3 de Santiago, él hace referencia a ciertas disfunciones que existían entre los creyentes, como los celos y la ambición personal. En ese contexto, él explica que esas dificultades provenían de una sabiduría terrenal que llama diabólica, y la contrasta con la mansedumbre y la paz, fruto de una sabiduría que viene de lo alto. Dada esta diferencia entre hermanos en las diferentes iglesias a las que Santiago se dirige, él conecta la ineficacia de muchas de nuestras oraciones con la existencia de luchas internas.

En el texto que examinamos en este capítulo (Stg 4:1-3), Santiago nos habla de dos ideas principales:

1. Con frecuencia tenemos una lucha interna de emociones encontradas que se expresa externamente. Nuestras luchas internas afectan nuestras relaciones externas. Los celos y las envidias de los que habla Santiago ocurren en nuestro interior, pero las guerras, los pleitos y las divisiones ocurren externamente como resultado de lo que pasa en nuestro interior.
2. Santiago nos habla del efecto que tienen esas luchas personales internas y externas en nuestra vida de oración.

Cada uno de nosotros guarda una relación consigo mismo, lo que explica por qué mantenemos conversaciones internas con nuestra conciencia. Si la relación que tenemos con nosotros mismos no es sana, esto se refleja en celos, envidias e ira hacia los demás. Santiago se refiere a esto cuando pregunta: "¿De dónde *vienen* las guerras y los conflictos entre ustedes? ¿No vienen de las pasiones que combaten en sus miembros?" (Stg 4:1). La primera pregunta se refiere a los conflictos interpersonales, mientras que la segunda pregunta responde a la primera.

En otras palabras, si mi vida no está bien a nivel interno (madurez emocional y espiritual), no estará bien a nivel horizontal con los demás; y a su vez, mi relación vertical con Dios tampoco será de calidad, independientemente de cuánto ore o lea la Palabra. Del mismo modo, cuando algo no está bien en mi relación con Dios, mi relación con los demás no tampoco puede estar bien. Estas dos dimensiones, la vertical y la horizontal, reflejan el primer y el segundo mandamiento más grande de la ley de Dios: el primero, ama a Dios sobre todas las cosas; y el segundo, ama al prójimo como a ti mismo.

En el primer versículo del capítulo 4 de Santiago encontramos dos preguntas retóricas que tienen que ver con conflictos interpersonales. Desde el principio, la Iglesia de Cristo ha estado involucrada en conflictos de esta naturaleza, lo que nos muestra, una vez más, las terribles consecuencias del pecado.

Es evidente que Santiago escribía a miembros de la iglesia que estaban en conflicto entre ellos, al igual como ocurrió en:

- Corinto, la iglesia estaba dividida debido a los celos, las envidias, la ambición de poder y el egoísmo. Pablo llama a sus miembros, carnales en 1 Co 3:3.
- Gálatas se nos dice que los hermanos "se mordían y devoraban entre sí" (Gá 5:15-16).
- Filipo, había dos hermanas, Síntique y Evodia, que estaban en conflicto; y Pablo apeló a uno de sus amigos para reconciliarlas (Fil 4:1-3).
- Jerusalén, leemos en Hechos 6 que surgió un conflicto porque las viudas de los hebreos eran mejor atendidas que las viudas griegas (Hch 6:1-6).

Santiago, en su carta, se dirige a miembros de otras iglesias dispersas que también estaban en medio de conflictos interpersonales. Sin embargo, Santiago quiere hacer entender que estos conflictos no se originan fuera de nosotros, sino en nuestro interior, a causa de nuestras pasiones. Muchas veces, aunque estemos solos, no estamos en paz porque las pasiones pecaminosas crean una guerra dentro de nosotros. Esa guerra interna termina gobernando nuestros pensamientos y, en consecuencia, nuestras acciones. Primero pensamos y luego actuamos. La palabra "pasiones" que aparece en Santiago 4:1 y 4:3 es la palabra griega *hedonai*, de donde viene el término "hedonismo".[20] Un hedonista es alguien que cree que el placer es el propósito principal de la vida. Si no corregimos

---

[20] Dan G. McCarthy, *James*, Baker ECNT (Grand Rapids: Baker Academic, 2009), p. 207.

nuestra relación con Dios y tratamos esas pasiones internas, no podremos corregir nuestras relaciones con los demás. Santiago nos dice, de manera indirecta: "No culpes a los demás de tu falta de paz". Cristo nos enseñó en Mateo 11:29 que si somos mansos y humildes, encontraremos paz y descanso para nuestras almas. En cambio, si somos crueles y orgullosos, viviremos un infierno por dentro y por fuera.

Recientemente, hemos sido testigos de las atrocidades cometidas por grupos como Hamás en el Medio Oriente o ISIS años atrás. No puedo imaginar el odio y resentimiento con los que esas personas viven día a día. Lo que ellos hacen no es más que una manifestación de la guerra que llevan en su interior.

En Santiago 4:2 se lee: "Ustedes codician y no tienen, por eso cometen homicidio".

Lo sorprendente es que Santiago está hablando a creyentes, ya que en su carta se refiere a ellos como hermanos. Les dice: "Ustedes quieren algo y no lo consiguen, por eso terminan haciendo cosas malas, incluso matando". Algunos comentaristas creen que Santiago usa "homicidio", como hipérbole, es decir, como una exageración, para mostrar la intensidad de los conflictos, pero en el caso de los grupos terroristas, los homicidios son un reflejo de los conflictos espirituales y emocionales que viven. Santiago continúa diciendo: "Son envidiosos y no pueden obtener, por eso combaten y hacen la guerra". Ustedes envidian lo que otros tienen: a veces envidian dinero, bienes materiales o posiciones que otros han logrado y que ustedes no. A veces envidian el estilo de vida que otros han alcanzado y, cuando no pueden obtener lo que desean, terminan peleando y creando conflictos con los demás. La caída nos afectó tanto que incluso un pastor puede envidiar la iglesia de otro pastor, la efectividad de su ministerio o los libros que publica. Esta envidia puede manifestarse en cualquier área. Cuando esto sucede dentro de nosotros, solemos buscar defectos en los demás, lo que equivale a un "homicidio de carácter". Santiago nos enseña que todo esto no es más que el resultado de las pasiones que luchan dentro de cada uno de nosotros.

Finalmente, en la última parte del versículo 2 y en el versículo 3, Santiago explica que nuestras pasiones internas no solo afectan nuestras relaciones con los demás, sino también a nuestras oraciones.

"No tienen, porque no piden. Piden y no reciben, porque piden con malos propósitos, para gastarlo en sus placeres". (vv. 2-3)

Santiago señala que muchas veces continuamos con nuestras actividades cristianas, pero no oramos. O bien, oramos, pero no de la forma correcta. Hacemos un recuento de lo que nos ocurre, en lugar de pedir sabiduría para enfrentar las situaciones. En la Biblia, encontramos ejemplos de oración, como la de Josafat en 2 Crónicas 20:12, quien, en medio de una crisis, dijo: "...no tenemos fuerza alguna delante de esta gran multitud que viene contra nosotros, y no sabemos qué hacer; pero nuestros ojos están vueltos hacia Ti". Con eso fue suficiente para que Dios le hablara y le diera la victoria.

Cristo mismo enseñó a sus discípulos: "Y al orar, no usen ustedes repeticiones sin sentido, como los gentiles, porque ellos se imaginan que serán oídos por su palabrería. Por tanto, no se hagan semejantes a ellos; porque su Padre sabe lo que ustedes necesitan antes que ustedes lo pidan" (Mt 6:7-8).

A veces le pedimos a Dios que se haga su voluntad, pero cuando el resultado no es el que esperábamos, no estamos satisfechos. Al final, oramos, pero en realidad no lo hacemos de corazón. Orar implica hacer una petición y luego aceptar, con humildad, la respuesta de Dios. Dios nos recuerda continuamente que Él es soberano incluso al responder nuestras oraciones. No recibo de Dios lo que quiero, sino lo que necesito para cumplir sus propósitos, de la manera y en el tiempo que Él determina. La mayoría de las veces, oramos rápidamente y solo tocamos temas superficiales, porque no tenemos tiempo para Dios. Cuando eso ocurre, Dios podría decir: "Si no tienes tiempo para hablarme, tampoco tendrás tiempo para escuchar lo que quiero decirte a través de mi Palabra o del Espíritu que he puesto en ti". Orar no es un ejercicio para obtener beneficios; es una experiencia de intimidad con Dios que nos permite fortalecer nuestra relación con Él y alinearnos con sus propósitos.

Otras veces oramos, pero sin fe en que Dios hará lo que pedimos. Nos olvidamos de que Santiago ya nos advirtió en el primer capítulo de su carta: que el hombre que ora lleno de duda que, "No piense, pues, ese hombre, que recibirá cosa alguna del Señor" (v. 1:7).

Si somos sinceros, muchas veces:

- Preferimos hablar antes que orar.
- Preferimos ver la televisión antes que orar.
- Preferimos divertirnos antes que orar.
- Preferimos trabajar en la iglesia antes que orar por ella.
- Preferimos hablar o enseñar sobre la oración antes que orar.
- Preferimos predicar y enseñar en lugar de orar.

Todo el tiempo olvidamos que, separados de Él, no podemos hacer nada. Muchas veces no tenemos porque no pedimos, y cuando pedimos, lo hacemos con malas intenciones.

Es posible que Santiago les dijera a esos hermanos:

- "Viven en conflicto tras conflicto, sin paz interior, porque no piden con amor para resolver el problema". Preferimos mantenernos sin paz que orar para buscarla.
- "Tienen resentimiento porque no perdonan, pero no piden la gracia para perdonar".
- "A veces admiten tener celos o envidia, aunque es raro, pero no piden para que Dios los elimine. No lo hacen porque no quieren reconocer que tienen esos celos y envidias. Es como si pensaran: 'Si yo no puedo tenerlo, nadie más debería'".
- "Otras veces pasan el tiempo pidiendo por las 'añadiduras' que el Padre ya garantizó que nos daría, pero no piden por lo que realmente importa a la luz del reino de los cielos" (Mt 6:33).
- "No piden pasión por Dios".
- "No piden pasión por su Palabra".
- "No piden pasión por Cristo, por su Palabra o por su Iglesia".
- "No piden por los no creyentes ni para que Dios les dé el don del evangelismo, porque saben que así podría cambiar su estilo de vida".
- "No piden para poder sentir el dolor de los demás. Así que no tienen nada de esto, porque no lo piden".

Finalmente, Santiago nos habla de que, a veces, pedimos pero no recibimos porque no hemos resuelto nuestra condición interna. Pedimos "con malos propósitos, para gastarlo en nuestros placeres", usando el lenguaje de Santiago.

En la literatura moral, tanto griega como judía, los placeres representan deseos fuera de control. Todos tenemos deseos. Algunos logran controlarlos, mientras que otros son controlados por ellos. Cuando los deseos nos controlan, se convierten en pasiones que dominan nuestro estilo de vida. No importa si se trata de ti o de mí. 1 Pedro 2:11 menciona estas pasiones y las describe como capaces de combatir y luchar contra nuestra alma. Tanto Pedro como Santiago explican que en los creyentes aún hay deseos que son fruto de la naturaleza caída. Como consecuencia, es posible pedir algo a Dios y, al recibirlo, usarlo de manera carnal. Si pedimos un trabajo para ganarnos la vida, y al obtenerlo pensamos gastar gran parte de lo que ganamos en cosas que desagradan a Dios, es probable que la respuesta a nuestra oración sea que se retrase o se niegue.

Ahora bien, si cuando Dios responde a tu oración, decides glorificarlo en vez de enorgullecerte de tus esfuerzos; si usas tu trabajo para influir en otros para que sigan los caminos de Dios; si tienes la intención de ser un testigo de su gloria o de ayudar a otros con lo que ganas, en lugar de gastar todo en ti mismo, es más probable que tu oración sea respondida más rápidamente.

Por ejemplo, yo podría pedir que mi práctica médica prospere, pero si lo que tengo en mente es simplemente acumular dinero y hacerme un nombre, no puedo esperar que Dios responda mi oración. Como se dice en mi país, "puedo abrirme camino a la fuerza" y acumular dinero y fama, pero no puedo contar con la bendición de Dios, solo con las consecuencias de haberlo hecho sin Él. Como dijo alguien: "Hay algo peor que fracasar, y es tener éxito sin Dios", porque

Hay algo peor que fracasar, y es tener éxito sin Dios.

cuando eso sucede, no solo me vuelvo arrogante, sino que me alejo cada vez más de Dios. Y cuanto más me alejo de Dios, más se corrompe mi interior, como el hierro que se oxida.

La corrupción moral de las personas es directamente proporcional a la distancia que tienen de Dios. Si los terroristas actúan como lo hacen es porque están tan alejados de Dios que su corrupción interna ha llegado al máximo. Lo mismo podemos decir de aquellos que trabajan en la industria pornográfica. La Biblia enseña que es posible llegar a un punto de no retorno, como leemos en Romanos 1:24, 26 y 28.

Por otro lado, podemos engañarnos con el legalismo, orando todo el tiempo, pero con corazones indispuestos hacia nuestros hermanos. No podemos condenar, maldecir, chismear, resentirnos, o despreciar a nuestros hermanos y luego orar, esperando que Dios responda nuestras oraciones, porque la verdad es que nuestros corazones estorban nuestras oraciones.

Santiago lo expresa mejor: "Piden y no reciben, porque piden con malos propósitos, para gastarlo en sus placeres" (Stg 4:3). Sin duda, nuestras oraciones son estorbadas por la condición de nuestros corazones. Notemos lo que dice 1 Pedro 3:7: "Ustedes, maridos, igualmente, convivan de manera comprensiva *con sus mujeres*, como con un vaso más frágil, puesto que es mujer, dándole honor por ser heredera como ustedes de la gracia de la vida, para que sus oraciones no sean estorbadas". Según Pedro, la manera en que un esposo trata a su esposa afecta a la efectividad de sus oraciones. Hermanos, no podemos arreglar nuestro corazón por nosotros mismos y, lo peor, es que cuando el corazón no está bien, ni siquiera tenemos el deseo de orar. En otras palabras, la condición de nuestro corazón bloquea la comunicación entre nosotros y Dios, de abajo hacia arriba y de arriba hacia abajo.

Suele suceder una de estas dos cosas cuando el corazón está mal:

1. No tenemos deseos de orar y, en consecuencia, no oramos.
2. Oramos, pero lo hacemos mal, y por eso no recibimos nada.
3. Hay un bloqueo en nuestra comunicación con Dios.

Pedro nos muestra que nuestra relación matrimonial puede estorbar nuestras oraciones. Esto ya lo había revelado Dios a través del profeta Malaquías en los versículos 13 y 14 del capítulo 2:

"Y esta otra cosa hacen: cubren el altar del Señor de lágrimas, llantos y gemidos, porque Él ya no mira la ofrenda ni la acepta

con agrado de su mano. Y ustedes dicen: "¿Por qué?". Porque el
Señor ha sido testigo entre tú y la mujer de tu juventud, contra
la cual has obrado deslealmente, aunque ella es tu compañera y
la mujer de tu pacto".

El Señor rechazaba la ofrenda de aquellos hombres y, cuando iban
al templo y llenaban el altar de lágrimas, el Señor no aceptaba su adoración. A través de Malaquías, Dios les explicó que su silencio se debía
a la infidelidad que habían cometido contra "la mujer de su juventud".
Una vez más, vemos que la calidad de nuestras relaciones horizonta-
les afecta a nuestra relación vertical con Dios, y lo mismo ocurre con
la oración. Nuestros pecados, de cualquier tipo, nos separan de Dios y
afectan negativamente nuestras oraciones.

Así lo expresa Dios en Isaías 59:2: "Pero las iniquidades de ustedes
han hecho separación entre ustedes y su Dios, y los pecados le han hecho esconder su rostro para no escucharlos".

Dios dejó de escuchar las oraciones del pueblo judío debido a su pecado. El Señor escondió su rostro para no escucharlos. Esto es consistente con el Salmo 66:18, "Si observo iniquidad en mi corazón, el Señor
no me escuchará".

Cuando pensamos en los pecados que afectan nuestras oraciones,
solemos centrarnos en los de índole moral, pero olvidamos que muchos otros pecados también bloquean nuestro deseo de orar y la respuesta de Dios. Estos son algunos ejemplos de pecados que impiden las
respuestas de Dios:

- El orgullo que nos lleva a la rebelión (1 S 15:23).
- La avaricia, que es idolatría (Col 3:5).
- La amargura, que es falta de aceptación (He 12:15).
- La queja, que refleja ingratitud (Nm 11:1).
- El resentimiento, que es una forma de odio (Gn 4:1-8).
- La religiosidad, que es religión sin Dios (2 Ti 3:5).
- El chisme y la condenación del otro, que demuestran falta de
  amor (2 Co 12:20).

Para meditar

Incluso el pecado de incredulidad afecta enormemente nuestra relación con Dios y, por tanto, nuestra vida de oración. En Mateo 13:58 se nos dice que el Señor no hizo muchos milagros en Nazaret debido a la incredulidad de sus habitantes. Probablemente le pidieron que obrara milagros, pero el Señor realizó pocos debido a su falta de fe. Debemos recordar siempre que la oración no es un ejercicio para obtener beneficios, sino un canal de comunicación que nos permite cultivar nuestra relación íntima con Dios. Una y otra vez, Dios nos muestra en su Palabra que la obediencia es recompensada, mientras que la desobediencia es disciplinada. Cuando obedecemos, no ganamos la recompensa, pero Dios se complace en dárnosla.

7

LA ORACIÓN, UN INSTRUMENTO PODEROSO EN LOS PLANES DE DIOS

¿Sufre alguien entre ustedes? Que haga oración. ¿Está alguien alegre? Que cante alabanzas. ¿Está alguien entre ustedes enfermo? Que llame a los ancianos de la iglesia y que ellos oren por él, ungiéndolo con aceite en el nombre del Señor. La oración de fe restaurará al enfermo, y el Señor lo levantará. Si ha cometido pecados le serán perdonados. Por tanto, confiésense sus pecados unos a otros, y oren unos por otros para que sean sanados. La oración eficaz del justo puede lograr mucho. Elías era un hombre de pasiones semejantes a las nuestras, y oró fervientemente para que no lloviera, y no llovió sobre la tierra por tres años y seis meses. Oró de nuevo, y el cielo dio lluvia y la tierra produjo su fruto. **Santiago 5:13-18**

En el capítulo anterior, vimos cómo la condición de nuestro corazón afecta a la efectividad de nuestra oración. En este capítulo, continuaremos con el tema de la oración, pero esta vez analizaremos el texto de Santiago 5:13-18. Llamo a la oración un instrumento porque, en efecto, la oración es una herramienta que nos conecta con Dios y sus propósitos, permitiéndonos vivir de acuerdo con su voluntad. Reconozco que la oración puede tener un efecto poderoso, pero, antes de llegar a conclusiones, es muy importante destacar que este instrumento solo tiene poder cuando opera dentro de la voluntad de Dios (1 Jn 5:14). Dios ha diseñado la oración para que funcione bajo su providencia y soberanía. Si pedimos algo contrario a los planes de Dios, nuestra oración no puede cambiar su voluntad. Sin embargo, podemos estar seguros de que cuando Dios responde nuestras oraciones, su respuesta siempre es mejor de lo que habíamos pedido.

La oración no tiene como objetivo cambiar la voluntad de Dios, ya que esta es soberana e inmutable. A menudo, en grupos de enseñanza, alguien pregunta: "¿Para qué oramos si Dios ya ha decidido todo?". Esta pregunta surge de un malentendido. La oración es, ante todo, un instrumento para conectar con Dios y cumplir sus propósitos. No oramos para cambiar la perfecta y santa voluntad de Dios por la nuestra, que es imperfecta y pecadora. Ese cambio no nos beneficiaría, porque terminaría destruyéndonos. Cristo tampoco intentó cambiar la voluntad del Padre en el huerto de Getsemaní, sino que dijo: "... 'Padre, si es Tu voluntad, aparta de Mí esta copa; pero no se haga Mi voluntad, sino la tuya'" (Lc 22:42).

La eficacia de la oración depende de muchos factores, pero el principal que determina su poder es la voluntad de Dios.

Entendida así, la oración es una de las mejores prácticas o disciplinas espirituales que podríamos adoptar.

Santiago se distinguió en su época por su piedad y recibió el sobrenombre de "El Justo". Además, se distinguía por el tiempo que dedicaba a la oración, tanto que, según la tradición, sus rodillas estaban marcadas de tanto orar, lo que le valió el apodo de "camello de rodillas viejas", debido al callo que se le formó en sus rodillas por orar tanto. Sin duda, Santiago tenía autoridad para enseñarnos sobre la oración y la vida piadosa.

Interpretando el texto correctamente

El pasaje de Santiago 5 que estamos analizando ha sido malinterpretado y utilizado de forma incorrecta, especialmente por el movimiento de la "súper fe" o "proclámalo y recíbelo". Este movimiento enseña que nuestras palabras tienen poder al ser pronunciadas y que podemos crear realidades si tenemos suficiente fe al declarar lo que deseamos en nombre de Jesús. Sin embargo, Jesús no nos enseñó a orar en su nombre para cumplir nuestros deseos o caprichos. Nos enseñó a orar de esa manera porque Él es quien ganó los méritos que nos hacen merecedores de las bendiciones de Dios, como hijos y por gracia.

La idea de que nuestras palabras tienen el poder de crear realidades, como mencionamos antes, es totalmente errónea según las Escrituras. Además, distorsiona la interpretación de muchos pasajes de la Biblia relacionados con la oración eficaz. Un principio fundamental de la interpretación bíblica (hermenéutica) es que la Biblia se interpreta a sí misma, como hemos enseñado en muchas ocasiones. Debemos seguir los principios correctos de interpretación para evitar que un texto sea malinterpretado, subinterpretado o sobreinterpretado.

Al leer un texto, podemos cometer tres errores: entenderlo mal, entender menos de lo que dice o entender más de lo que el realmente dice. Estos errores han ocurrido con este pasaje y muchos otros. Por eso, antes de sacar conclusiones, es útil establecer algunos principios de interpretación bíblica:

1. Ninguna Escritura es de interpretación personal, como dice en 2 Pedro 1:20. No podemos decir: "Para mí este texto significa esto" y que otra persona diga lo contrario y ambas estén en lo correcto. Cada texto tiene una sola interpretación, que está basada en la intención del autor al escribir para sus lectores originales. Sin embargo, puede haber diferentes formas de aplicar esa interpretación.

2. Pablo le recuerda a Timoteo que debe interpretar las Escrituras con mucho cuidado para evitar errores: "Procura con diligencia presentarte a Dios aprobado, como obrero que no tiene de qué avergonzarse, que maneja **con precisión** la palabra de verdad" (2 Ti 2:15, énfasis agregado). La palara traducida como "precisión" es "orthotomeo" en griego, que significa "cortar derecho", sin desviarnos ni a la derecha ni a la izquierda.

3. Todo pasaje "oscuro" o complejo en su interpretación debe analizarse a la luz de otro pasaje más claro sobre el mismo tema.

En otras palabras, la Escritura interpreta la Escritura. Dicho de otra manera, la Escritura es su propio intérprete.[21] Esto significa que, si quieres entender algo que parece confuso en las Escrituras, la explicación debe encontrarse dentro de la misma Biblia, no fuera de ella.

Menciono todo lo anterior porque el pasaje que vamos a leer ha sido malentendido, mal predicado y, por tanto, mal aplicado. Empecemos con dos preguntas sobre el texto:

- ¿De qué habla el texto?
- ¿Qué dice el texto acerca del tema que está tratando?

No cabe duda de que el texto habla de la oración, porque esta se menciona en cada uno de los seis versículos del pasaje que estamos estudiando. Veamos:

v. 13: "Que haga oración".

v. 14: "y que ellos oren por él...".

v. 15: "y la oración de fe...".

v. 16: "y oren unos por otros...".

v. 17: " [Elías] oró fervientemente para que no lloviera...".

v. 18: " [Elías] oró de nuevo...".

Queda claro que el tema es la oración.

Ahora, en respuesta a la segunda pregunta, ¿qué nos enseña el texto sobre la oración? Nos enseña que debemos tener confianza en el Señor para hacer frente a diferentes situaciones en nuestras vidas. La oración se muestra en relación con:

- El sufrimiento, (v. 13)
- Las enfermedades, (v. 14)
- El arrepentimiento y perdón de pecados, (vv. 15-16) y
- La naturaleza: tres años y medio de lluvia y tres años y medio de sequía, (vv. 17-18).

---

[21] Los reformadores llamaron a este principio "la analogía de la fe", que significa que la Escritura debe ser coherente en lo que enseña y nunca contradictoria.

Con razón el apóstol Pablo, nos exhorta en 1 Tesalonicenses 5:17 a orar sin cesar:

- en todas las circunstancias,
- en todo momento,
- en todo lugar y
- en cada una de las circunstancias en las que podamos encontrarnos (v. 17).

Veamos cómo Santiago conecta la oración con diferentes circunstancias de la vida.

En el versículo 13, la oración se vincula con el sufrimiento: "¿Sufre alguien entre ustedes? Que haga oración".

El sufrimiento es un tema importante, no solo en la epístola de Santiago, sino a lo largo de toda la revelación bíblica. Orar en medio del dolor es una forma de conectar con Dios, recibir fortaleza de Él y expresar nuestra confianza en su voluntad, incluso en los peores momentos. Es posible que parte del sufrimiento al que Santiago se refiere aquí estuviera relacionado con hermanos que estaban siendo perseguidos, o que quizá afrontaban carencias económicas, ya que las iglesias de entonces solían ser de escasos recursos. O quizás el sufrimiento se debía al rechazo de familiares y amigos tras abrazar la fe cristiana. La realidad es que hay muchas razones por las que sufrimos, y en cada caso, debemos pedir sabiduría para saber cómo orar en medio de la dificultad, mientras confiamos en la providencia de Dios. Su providencia es el cuidado especial y benevolente que Dios tiene sobre su creación y sus criaturas. Sin duda, podemos pedir que Dios nos quite la copa de dolor, pero también debemos estar dispuestos a beber de dicha copa, descansando en la gracia de Dios y confiando en su fidelidad para con nosotros. Esta actitud nos conecta con Dios y evita que caigamos en el resentimiento si nuestra petición no es respondida como esperamos.

Cuando Job perdió a sus diez hijos, respondió diciendo: "Jehová dio y Jehová quitó. Bendito sea el nombre del Señor". Esto fue un reconocimiento de la providencia de Dios en medio del dolor. Él sabe por qué permite incluso las grandes tragedias. Dios podría responder deteniendo el sufrimiento, y a veces lo hace, pero también podría decidir no eliminar el sufrimiento porque este tiene un propósito que no podemos comprender de inmediato. En tales casos, Dios nos da la gracia para soportarlo.

En el libro de los Hechos, vemos que, a pesar de las oraciones de la iglesia, Dios permitió que Jacobo, el hermano de Juan, fuera decapitado (Hch 12:2). Sin embargo, en el mismo capítulo, vemos cómo Dios envió a un ángel para liberar a Pedro de la misma prisión (Hch 12:6-11). Después de ser liberado, Pedro fue a la casa de Marcos y se encontró con que los hermanos estaban orando. Pedro fue liberado, mientras que Jacobo fue decapitado. Ambos eran apóstoles, y todo ocurrió según la voluntad soberana de Dios. A pesar del martirio de muchos, la iglesia que oraba creció, se fortaleció y se expandió, incluso en medio de la persecución.

Como dice Terry L. Johnson, en su libro *Las excelencias de Dios*:

"Dios hace que toda maldad coopere para llevar a cabo el mayor bien, desde la venta de José por parte de sus hermanos, hasta la muerte de Cristo a manos de hombres malvados (Gn 50:20; Hch 2:23; 4:27-28)".[22]

Así es la sabiduría de Dios. "¡Cuán insondables son Sus juicios e inescrutables Sus caminos!" (Ro 11:33). Dios responde a nuestras oraciones de diferentes maneras, en diferentes momentos y en diferentes personas. ¡No juzgues tan rápido! Solo Él sabe lo que está haciendo en cada situación.

Volviendo al texto de Santiago, vemos cómo conecta la oración con las diferentes necesidades cotidianas.

En el versículo 13b, la oración se relaciona con los tiempos de alegría: "¿Está alguien alegre? Que cante alabanzas".

Cantar alabanzas es una forma de oración. No estamos distorsionando el versículo al decir esto, porque al cantar ponemos música a los deseos de nuestro corazón. En los buenos tiempos, la oración debe expresar gratitud y gozo a nuestro Creador. Es posible que, en una

---

[22] Terry L. Johnson, *The Excellencies of God* (Grand Rapids: Reformation Heritage Books, 2022), p. 316.

misma iglesia, algunos hermanos estén tristes, sufriendo, mientras que otros estén alegres por lo que Dios está haciendo en sus vidas. Santiago instruye que el primero debe orar, y el segundo, también, a través de cantos de alabanza. Las alabanzas pueden ser oraciones con música, dependiendo de la disposición del corazón.

En los versículos 14 y 15, Santiago conecta la oración con las enfermedades y la posibilidad de sanidad. Este es uno de los textos más malinterpretados y mal aplicados:

"¿Está alguien entre ustedes enfermo? Que llame a los ancianos de la iglesia y que ellos oren por él, ungiéndolo con aceite en el nombre del Señor. La oración de fe restaurará al enfermo, y el Señor lo levantará. Si ha cometido pecados le serán perdonados". (Stg 5:14-15)

Desde los inicios de la iglesia, Dios ha reconocido el rol de los pastores en la oración por las necesidades de la congregación. Los apóstoles delegaron otras funciones, no pastorales, para dedicarse exclusivamente al ministerio de la palabra y a la oración, (Hch 6:4). La necesidad de llamar a los ancianos en esos casos probablemente se debía a que la persona enferma no podía moverse por su estado de salud. El uso de aceite ha sido un tema de mucho debate. Claramente, no creemos que el aceite tenga propiedades curativas, aunque en la antigüedad se usaba ocasionalmente de esa manera. Lo que está claro es que el énfasis del pasaje no está en el aceite ni siquiera en la sanidad, sino en la oración, que es el tema central del pasaje.

En la antigüedad, algunas personas usaban el masaje con aceite creyendo que tenía propiedades medicinales. Hoy en día, muchas personas creen en diversas preparaciones naturales que tampoco tienen efectos comprobados. Sin embargo, como médico, puedo decir que algunos productos, como ciertos antibióticos, se han encontrado en la naturaleza.

Por otro lado, en la antigüedad, el aceite también se usaba para consagrar a algunas personas a Dios, como en el caso de los reyes y sacerdotes:

- Moisés ungió a Aarón y sus hijos con aceite antes de que comenzaran sus funciones sacerdotales (Lv 8:30).
- Samuel ungió a Saúl como rey (1 S 10:1).
- Elías ungió a Eliseo como profeta y sucesor (1 R 19:16).

En aquellos tiempos, la unción con aceite implicaba consagración o separación de una persona para una función específica.

Douglas Moo, un académico del Nuevo Testamento, comenta sobre este pasaje: "Concluimos, por tanto, que el 'ungir' del versículo 14 se refiere a una acción física con un significado simbólico. Mientras los ancianos oran, deben ungir al enfermo como símbolo de que esa persona está siendo puesta bajo el cuidado especial de Dios".[23]

Santiago nos dice que cuando los ancianos oran sobre el enfermo, la oración de fe lo restaurará. Sin embargo, quiero aclarar dos puntos. La fe no garantiza la sanidad, como vimos en el caso de Pablo, quien vivió por fe y para fe, pero cuando pidió a Dios tres veces que le quitara su aguijón en la carne, Dios le respondió: "Bástate mi gracia [...] mi poder se perfecciona en la debilidad" (2 Co 12:9).

Pablo tampoco sanó a Timoteo, a quien le recomendó tomar un poco de vino debido a sus problemas estomacales (1 Ti 5:23), ni a Epafrodito, quien estuvo enfermo mientras asistía a Pablo en prisión (Fil 2:26). Este pasaje de Santiago no promete una sanidad incondicional si oramos con fe. Si este fuera el único texto que tuviéramos en la Biblia, podríamos pensar que sí. Sin embargo, el mismo Santiago reconoce que el plan soberano de Dios prevalece sobre nuestras peticiones, como dice en Santiago 4:15: "Si el Señor quiere, viviremos y haremos esto o aquello". Incluso nuestro Señor Jesús reconoció esta realidad en el huerto de Getsemaní cuando dijo: "Padre, si es tu voluntad, aparta de mí esta copa; pero no se haga mi voluntad, sino la tuya" (Lc 22:42).

Si no tenemos fe, no debemos esperar recibir respuestas a nuestras oraciones, como ya nos advirtió Santiago. El que ora sin fe no debe esperar recibir nada del Señor, porque ese hombre es inestable en todos sus caminos (Stg 1:6-8).

---

[23] Douglas J. Moo, *The Letter of James* (Grand Rapids: William B. Eerdmans Publishing Company, 2000), p. 242.

También vemos en los evangelios la relación entre la oración y la fe. En Mateo, leemos que en Nazaret, Jesús "no hizo muchos milagros allí a causa de la incredulidad de ellos" (Mt 13:58). Hebreos 11:6 también dice: "sin fe es imposible agradar a Dios". Nuestra fe influye, pero no determina la respuesta que Dios nos provea. Por otro lado, en los versículos 15 y 16 del libro de Santiago parece haber una conexión entre la enfermedad y el pecado:

"La oración de fe restaurará al enfermo, y el Señor lo levantará. Si ha cometido pecados le serán perdonados. Por tanto, **confiésense sus pecados unos a otros, y oren unos por otros para que sean sanados**". (énfasis añadido)

El texto sugiere que, en algunos casos, la enfermedad puede deberse al pecado. En tales casos, la solución es confesar el pecado y acompañar la confesión con oración para que el enfermo sea sanado.

Confesión más oración equivale a sanidad

La conexión entre la enfermedad física y el pecado se menciona en varios lugares de la Biblia. En Juan 5:14, Jesús sana a un hombre que había estado paralizado durante 38 años y le dice: "Mira, ya has quedado sano. **No vuelvas a pecar**, no sea que te ocurra algo peor" (énfasis añadido). Esto sugiere que su parálisis podría haber sido causada por algún tipo de pecado. No sabemos, por ejemplo, si este hombre en algún momento estuvo ebrio y, como resultado de su embriaguez, sufrió una caída que lo dejó paralizado. En ese caso, su parálisis habría sido consecuencia de un pecado específico. Sin embargo, no podemos especular, ya que desconocemos las circunstancias exactas que lo llevaron a quedar paralizado. Lo que sí sabemos es que Cristo le advirtió que no volviera a pecar, para que no le ocurriera algo peor.

Por otra parte, el pecado de David con Betsabé es ampliamente conocido, y él escribió sobre su confesión en el Salmo 32:3-6:

"Mientras callé *mi pecado*, mi cuerpo se consumió
Con mi gemir durante todo el día.

Porque día y noche Tu mano pesaba sobre mí;
Mi vitalidad se desvanecía con el calor del verano. (*Selah*)
Te manifesté mi pecado, Y no encubrí mi iniquidad.
Dije: 'Confesaré mis transgresiones al SEÑOR';
Y Tú perdonaste la culpa de mi pecado. (*Selah*)
Por eso, que todo santo ore a Ti en el
tiempo en que puedas ser hallado;
Ciertamente, en la inundación de muchas
aguas, no llegarán *estas* a él".

Observa el énfasis que David hace en los versículos 5 y 6 sobre la importancia de confesar nuestros pecados y orar cuando estamos enfermos. Esto es exactamente lo que Santiago nos enseña: si alguien ha pecado, ese pecado debe ser confesado, y se debe orar por esa persona (por ellas, si son varias) "para que sean sanados". No cabe duda de que existe una conexión entre el pecado y la enfermedad en algunas ocasiones. Recordemos que Pablo escribió en 1 Corintios 11:30, que algunos de la iglesia habían tomado la Cena del Señor de manera indigna, lo que resultó en enfermedades e incluso en la muerte de muchos. En Hechos 5, se nos cuenta que Ananías y Safira mintieron al Señor y murieron en el acto. Asimismo, Nabucodonosor se rebeló contra Dios, perdió la razón debido a su arrogancia, y solo recuperó la salud mental cuando reconoció que el Altísimo gobierna sobre los reinos de los hombres.

Investigaciones recientes "han demostrado que la exposición al estrés puede aumentar la probabilidad de desarrollar enfermedades, además de exacerbar condiciones preexistentes".[24] Sabemos que el pecado a menudo nos coloca bajo estrés. Sin embargo, no toda enfermedad es consecuencia del pecado. Satanás llenó a Job de llagas, pero Dios lo había declarado justo, intachable y apartado del mal.

En primer lugar, Santiago nos habla de la necesidad de orar en todas las circunstancias y finalmente nos muestra que la oración puede ser poderosa cuando esta sale del corazón de un hombre justo.

---

[24] A. Boggero, April B. Scott y Suzanne C. Segerstrom, "Current Directions in Stress and Human Immune Function", *Current Directions in Psychological Science*, vol. 24, no. 5, 2015. Disponible en: https://www.ncbi.nlm.nih.gov/pmc/articles/PMC4465119.

En Santiago 15:16 leemos: "La oración del justo es poderosa y eficaz" (NVI). Notemos lo que el este texto no dice:

- No dice que todas las oraciones de una persona justa serán respondidas según sus deseos.
- Tampoco dice que la oración del justo cambia la voluntad de Dios.

A la luz de otros pasajes, podemos entender mejor este versículo que parece menos claro, y así aplicarlo mejor a nuestras vidas. El texto sugiere que Dios está más dispuesto a responder las oraciones de las personas justas. La pregunta es, ¿por qué? Mi respuesta es la siguiente: cuando comparas las oraciones de una persona justa con las de alguien que vive la fe cristiana de manera superficial, te darás cuenta de que las oraciones del justo son respondidas con mayor frecuencia. Esto tiene sentido porque Dios recompensa la obediencia. Una persona que camina en santidad tiene una mayor plenitud del Espíritu Santo, y es el Espíritu de Dios quien dirige nuestras oraciones.

A menudo, Dios no nos concede lo que pedimos porque no estamos preparados para recibir y administrar sus bendiciones. Por ejemplo, Salomón pidió solo sabiduría, y Dios le dio sabiduría, riquezas y fama (1 R 3:5-15), pero más tarde demostró que no estaba listo para administrar todo lo que recibió. En cambio, una persona justa está mejor preparada para recibir lo que Dios le dé y administrarlo apropiadamente, por lo que Dios está más inclinado a responder sus oraciones. El hombre justo tiene más probabilidades de caminar en la voluntad de Dios, y cuando caminamos en su voluntad, nuestras oraciones tienden a alinearse más con ella. Finalmente, recordemos lo que ya hemos visto: cuando pedimos con malas motivaciones, Dios no nos escucha. Un hombre justo es menos propenso a orar con malas motivaciones en su corazón. Todo esto explica por qué la oración de una persona justa es poderosa y eficaz.

En los versículos 17 y 18, Santiago nos da el ejemplo de un hombre justo que oró y fue escuchado por Dios:

"Elías era un hombre de pasiones semejantes a las nuestras, y oró fervientemente para que no lloviera, y no llovió sobre la tierra por tres años y seis meses. Oró de nuevo, y el cielo dio lluvia y la tierra produjo su fruto".

Obviamente, Elías oró de esa manera porque Dios puso en él, "tanto el querer como el hacer para que se cumpla su buena voluntad" (Fil 2:13, NVI). Elías caminó con Dios, y, como caminó con Dios, los deseos del corazón de Dios pasaron a ser los deseos de su corazón. En esos casos, terminamos orando la voluntad de Dios. Como dice el salmista en el Salmo 37:4:

"Pon tu delicia en el Señor, y Él te dará las peticiones de tu corazón".

Esa es la clave: orar conforme a su voluntad. 1 Juan 5:14 leemos: "que, si pedimos cualquier cosa conforme a su voluntad, él nos oye".

Para meditar

Desafortunadamente, cuando pedimos, con cierta frecuencia dejamos que sea la carne la que ore, y entonces pedimos según sus deseos. Sin embargo, es mi espíritu el que debe entrar en comunión con Dios, porque en mi carne no hay nada bueno (Ro 7:18). Mi carne nunca ha deseado una sola de las ofertas de Dios, nunca ha creído en una sola de sus promesas, ni ha disfrutado de una sola de sus dádivas.

Cuando nuestro corazón palpite por lo que palpita el corazón de Dios, nuestras oraciones serán poderosas y eficaces.

Dios nos dará todo lo que necesitamos para llevar a cabo el propósito para el cual nos creó, porque no debemos olvidar que "somos hechura Suya, creados en Cristo Jesús para hacer buenas obras, las cuales Dios preparó de antemano para que anduviéramos en ellas", (Ef 2:10). Lo que Dios nos da siempre estará relacionado con sus propósitos para con nosotros.

8

SALVOS POR FE SOLAMENTE: PERO LA VERDADERA FE, NUNCA ESTÁ SOLA

¿De qué sirve, hermanos míos, si alguien dice que tiene fe, pero no tiene obras? ¿Acaso puede esa fe salvarlo? Si un hermano o una hermana no tienen ropa y carecen de sustento diario, y uno de ustedes les dice: «Vayan en paz, caliéntense y sáciense», pero no les dan lo necesario para su cuerpo, ¿de qué sirve? Así también la fe por sí misma, si no tiene obras, está muerta. Pero alguien dirá: «Tú tienes fe y yo tengo obras. Muéstrame tu fe sin las obras, y yo te mostraré mi fe por mis obras». Tú crees que Dios es uno. Haces bien; también los demonios creen, y tiemblan. Pero, ¿estás dispuesto a admitir, oh hombre vano, que la fe sin obras es estéril? ¿No fue justificado por las obras Abraham nuestro padre cuando ofreció a su hijo Isaac sobre el altar? Ya ves que la fe actuaba juntamente con sus obras, y como resultado de las obras, la fe fue perfeccionada; y se cumplió la Escritura que dice: «Y ABRAHAM CREYÓ A DIOS Y LE FUE CONTADO POR JUSTICIA», y fue llamado amigo de Dios. Ustedes ven que el hombre es justificado por las obras y no solo por la fe. Y de la misma manera, ¿no fue la ramera Rahab también justificada por las obras cuando recibió a los mensajeros y los envió por otro camino? Porque así como el cuerpo sin el espíritu está muerto, así también la fe sin las obras está muerta.
Santiago 2:14-26

El 31 de octubre de cada año, las iglesias protestantes conmemoran y, en muchos casos, celebran el inicio de la Reforma Protestante. Se considera que en esa fecha, en 1517, Martín Lutero clavó sus noventa y cinco tesis en la puerta de la catedral de Wittemberg, llamando a la Iglesia católica a revisar su doctrina sobre la venta de indulgencias. Hasta ese momento, la Iglesia católica ofrecía el perdón de los pecados a cambio de dinero, supuestamente destinado a la basílica de San Pedro.

Con el tiempo, las noventa y cinco tesis llegaron a manos del papa, León X, quien desestimó el hecho diciendo que se trataba de un monje alemán que estaba borracho y que cambiaría de opinión cuando estuviera sobrio. Sin embargo, el movimiento reformado comenzó a crecer hasta convertirse en una verdadera revolución que amenazaba la existencia de la Iglesia de la época. En abril de 1521, el papa León X excomulgó a Martín Lutero, lo cual implicaba que este quedaba fuera de la Iglesia y, según la doctrina de Roma, también fuera del reino de los cielos, sin posibilidad de salvación.

La Iglesia católica creía que Cristo le había entregado las llaves del reino de los cielos a Pedro y a sus sucesores. Lutero respondió afirmando que la Iglesia católica no era la verdadera Iglesia, porque había abandonado el Evangelio. Lo que realmente define a una iglesia como tal es la proclamación del verdadero evangelio y la correcta celebración de las dos ordenanzas: el bautismo y la santa cena, las cuales, la Iglesia católica había administrado incorrectamente, algo que sigue sucediendo en la actualidad.

Desde entonces, se ha debatido intensamente sobre la doctrina de la salvación. Según la palabra de Dios, la salvación del ser humano es solo por gracia y por medio de la fe (Ef 2:8-9), en la persona de Cristo (Hch 4:12), y para la gloria de Dios (Is 43:7).

A esa salvación no contribuyen las obras del hombre, ni las tradiciones de la Iglesia, ni los concilios, ni los papas. Por tanto, solo la Escritura o la Palabra de Dios es suficiente para que el ser humano conozca el camino de la salvación y de la santificación a través del conocimiento de Cristo, lo cual le permite tener una relación con Dios desde el momento de su salvación en adelante.

Para Lutero, la salvación por la fe fue el principio fundamental sobre el que se sostiene o se derrumba la iglesia. Tanto es así que Lutero afirmó: "Si se pierde la doctrina de la justificación por la fe, se pierde toda la doctrina cristiana". Lutero insistía en que las obras humanas no pueden contribuir a la salvación, ya que están manchadas por el pecado y, por lo tanto, no solo son insuficientes, sino incapaces de salvar, a diferencia de la obra de Cristo, culminada en la cruz, cuando dijo: "Consumado es". Este triunfo se proclamó el domingo siguiente, cuando Cristo resucitó y dejó la tumba vacía. Lamentablemente, solemos pensar que la salvación depende de

> **Por tanto, solo la Escritura, es decir, la palabra de Dios, es suficiente para que el hombre alcance la salvación y la santificación a través del conocimiento de Cristo, lo cual le permite relacionarse con Dios desde el momento en que es salvo en adelante.**

nuestras obras, porque no comprendemos que el pecado ha corrompido todas nuestras facultades, y por ende, también nuestras acciones. El estado de nuestro corazón y nuestra conciencia impiden ver esta realidad, a menos que el Espíritu de Dios ilumine nuestra mente.

Muchos han malinterpretado las enseñanzas de Lutero, creyendo que decir que las obras no contribuyen a la salvación es lo mismo que decir que no tienen importancia en la vida cristiana. Sin embargo, una cosa es que las obras no tengan un papel en la salvación del ser humano (porque no lo tienen), y otra cosa muy distinta es afirmar que no juegan ningún papel después de la salvación. Esto último lo menciono porque, en la Carta de Santiago que vamos a analizar, el apóstol muestra su preocupación por la indiferencia e incluso la indolencia con el prójimo por parte de los creyentes, especialmente hacia otros creyentes que están en necesidad. Al inicio del capítulo 2 de su carta, Santiago denuncia el favoritismo que los miembros de la iglesia mostraban hacia las personas pudientes en perjuicio de los más pobres (Stg 2:1-4).

Santiago continúa su argumento afirmando que la fe verdadera se muestra en obras de bien, y añade que una fe sin obras está muerta (Stg 2:17), no es real, no es genuina, no es verdadera. Por lo tanto, no es una fe capaz de salvar. Santiago entiende que, cuando una persona llega a la fe, su mente y su corazón se transforman, y su insensibilidad hacia los necesitados es una indicación de que no ha experimentado una verdadera conversión.

El tema del texto contenido en Santiago 2:14-26 es la relación entre la fe y las obras. En un momento de su vida, Lutero rechazó esta carta y la llamó "una carta de paja", porque, según él, no expresaba la esencia del Evangelio y parecía contradecir las enseñanzas de Pablo acerca de la justificación por la fe. Sin embargo, como ya se ha mencionado, Santiago estaba preocupado porque muchas personas decían profesar la fe, pero en realidad no poseían una fe auténtica. Por tanto, en su epístola, Santiago busca definir la verdadera fe cristiana en términos prácticos, y esta es la característica principal de su carta: es una epístola práctica, de principio a fin. Santiago quería dejar claro que una teología ortodoxa, sin una práctica de vida que refleje esa teología (ortopraxis) no salva a nadie, ya que puede ocurrir que alguien muriera con una teología ortodoxa y fuera condenado porque su teología nunca había cambiado su corazón. A Santiago le preocupaba que las personas que no vivían la fe que profesaban le dieran una mala reputación al movimiento cristiano.

Se han atribuido varias frases a Mahatma Gandhi en relación con el movimiento cristiano, aunque algunos disputan la veracidad de estas. Una de esas frases dice: "A mí me gusta Cristo, pero no me gustan los cristianos porque son tan diferentes a él". La otra dice: "Si no fuera por los cristianos, yo sería cristiano". Estas frases apuntan a una realidad, aunque no fueron pronunciadas por Gandhi.

En su carta, Santiago quiere dejar claro que, si nos llamamos cristianos, debemos parecernos a Cristo. Una vez más, el tema de la Carta de Santiago es la relación entre la fe y las obras.

Veamos ahora qué es lo que Santiago dice sobre esa relación. Una vez más, Santiago comienza su confrontación con dos preguntas retóricas con la idea de sacudir al cristiano de su letargo ortodoxo, en palabras de Daniel M. Doriani.[25]

Primera pregunta: "¿De qué sirve, hermanos míos, si alguno dice que tiene fe, pero no tiene obras?". Es como decir: "Tú dices tener fe,

---

[25] Daniel Doriani, James, *Reformed Expositional Commentary* (Phillipsburg: P & R Publishing, 2007), p. 82.

pero no veo esa fe en acción". La insinuación que se desprende de esta pregunta es que esa fe que no se acompaña de obras no es una fe verdadera y, por lo tanto, quien no tiene obras no tiene salvación.

Segunda pregunta: "¿Acaso puede esa fe salvarlo?". La respuesta es no, porque esa fe no se manifiesta en la vida de esa persona. Para Santiago, la fe verdadera no solo debe creer correctamente, sino que debe reflejarse en una vida transformada. Cuando Santiago pregunta: "¿Acaso puede esa fe salvarlo?" (Stg 2:14), no está diciendo que la fe no salva, sino que la fe muerta no puede dar vida y mucho menos vida eterna. La insinuación de Santiago es que existen dos tipos de fe: una fe falsa que se expresa solo con palabras, y una fe verdadera que produce un estilo de vida caracterizado por la piedad.

Santiago pasa a darnos cuatro ilustraciones de la relación entre la fe y las obras.

Primera ilustración: un hermano necesitado

"Si un hermano o una hermana no tienen ropa y carecen del sustento diario, y uno de vosotros les dice: Id en paz, calentaos y saciaos, pero no les dais lo necesario para su cuerpo, ¿de qué sirve?". (Stg 2:15-16)

Este cristiano muestra su insensibilidad hacia la necesidad del otro, lo cual pone en entredicho su fe. Esta persona se hace llamar cristiana, pero niega a Cristo. Le dice al hermano que se vaya en paz, pero el hambre que tiene no le permite dormir en paz. Este hermano quizá tiene el armario lleno de ropa, pero no le da nada para vestirse. Juan coincide con Santiago cuando escribió en su primera carta, en los versículos 17 y 18 del capítulo 3:

"Si alguien que posee bienes materiales ve que su hermano está pasando necesidad y no tiene compasión de él, ¿cómo se puede decir que el amor de Dios habita en él? Queridos hijos, no amemos de palabra ni de labios para afuera, sino con hechos y de verdad".

Santiago tomaría estas palabras de Juan y diría: "Si amas solo de palabra, no te sirve de nada". Para demostrar que tienes una fe verdadera, debes amar con hechos y en verdad, usando las palabras de Juan. Este primer ejemplo puede tipificar a los fariseos que, según Cristo, se les da bien decir, pero no hacer.

Quizás alguien piense que Santiago y Juan están hablando de hermanos en la fe que están en necesidad. Leamos a Pablo en Gálatas 6:10: "Por lo tanto, siempre que tengamos la oportunidad, hagamos bien a todos y en especial a los de la familia de la fe". Pedro dice esto porque un creyente transformado debe poseer un carácter piadoso que exhibir donde quiera que se encuentre.

Este hombre del que habla Santiago es comparable a los personajes de la parábola del buen samaritano. En dicha parábola, tanto el levita como el sacerdote vieron a un hombre tirado en el suelo y herido, pero no hicieron nada para ayudarlo, a pesar de que, como sacerdote y levita, representaban a los creyentes en el Dios de Abraham, Isaac y Jacob. El samaritano, en cambio, era considerado un incrédulo por los judíos, ya que los samaritanos solo creían en el Pentateuco y no aceptaban todo el Antiguo Testamento. Sin embargo, a pesar de esta percepción, fue el samaritano quien se detuvo a cuidar del hombre que había sido asaltado y herido, y no los dos creyentes (un sacerdote y un levita) que mencioné antes. Al final, el samaritano al que los judíos consideraban incrédulo, se comportó como un verdadero creyente, mientras que los supuestos creyentes se comportaron como incrédulos.

Santiago continúa su argumento: "Así también la fe por sí misma, si no tiene obras, está muerta. Pero alguno dirá: Tú tienes fe y yo tengo obras. Muéstrame tu fe sin las obras, y yo te mostraré mi fe por mis obras" (Stg 2:17-18).

El punto que Santiago trata de enfatizar es que la ausencia de buenas obras en quien dice creer demuestra que su fe está muerta. Entonces, Santiago argumenta: "Yo te mostraré mis obras, y mis obras te hablarán claramente de que yo sí he creído verdaderamente". Y esto es lo que él dice: "Pero alguien dirá: 'Tú tienes fe y yo tengo obras. Muéstrame tu fe sin las obras, y yo te mostraré mi fe por mis obras'" (Stg 2:18). Las obras no se hacen para adquirir salvación, sino que se realizan después de haber alcanzado salvación, como fruto de haber adquirido una mente y un corazón nuevos. Esto es lo que decía Juan Calvino: "es la fe sola la que salva; pero la verdadera fe nunca está sola".[26]

Segunda ilustración: los demonios

"Tú crees que Dios es uno. Haces bien; también los demonios creen, y tiemblan". (Stg 2:19)

Los demonios llegaron a llamar a Jesús "el Santo de Dios" (Mr 1:24); llegaron a llamarle, "¡el Hijo de Dios Altísimo!" (Lc 8:28). Por tanto, ellos creen en la divinidad de Jesús, pero eso no los cambia. Los demonios creen que existe un lugar llamado el abismo (Lc 8:31), donde son castigados, pero ese conocimiento no los transforma. Los demonios se sometían a Jesús y creían en su señorío, pero esa creencia no los cambiaba. Se someten a su poder irresistible, pero no porque lo amen o confíen en Él, sino como los criminales se someten a sus guardianes en prisión.

Los demonios, por lo tanto, tienen una teología correcta, pero no tienen una conducta que se corresponda con lo que creen. La teología que ellos conocen no transforma su naturaleza.

Para Santiago, si tu teología y tu práctica no coinciden, entonces tu salvación y el cielo tampoco lo harán.

Tercera ilustración: la fe de Abram

Este texto que sigue le causó un dolor de cabeza a Lutero porque parecía enseñar que el hombre se justifica por sus obras. Sin embargo, recuerda que la palabra es su propio intérprete y que un pasaje cuya enseñanza no parezca clara debe ser interpretado a la luz de otro pasaje que aporte claridad sobre el tema.

"¡Qué tonto eres! ¿Quieres convencerte de que la fe sin obras es estéril? ¿No fue declarado justo nuestro padre Abraham por lo que hizo cuando ofreció sobre el altar a su hijo Isaac?". (Stg 2:20-21, NVI)

---

[26] Citado por Warren W. Wiersbe, *The Bible Expository Commentary* (Wheaton: Victor Books, 1989), p. 354.

Si esto fuera lo único que supiéramos y lo único que la palabra declara, entenderíamos que Abram fue declarado justo después de haber ofrecido a su hijo en el altar, y eso nos diría que el hombre se salva por obras. Pero como el texto está hablando de algo que ocurrió en la vida de Abram, y que está relatado en el libro del Génesis, lo que necesitamos hacer es ir al libro del Génesis para entender mejor a Santiago. En el libro del Génesis 15:6 se nos dice: "Abram creyó al SEÑOR y el SEÑOR se lo reconoció como justicia" (NVI). El texto de Génesis nos muestra que Abram tenía unos 75 años cuando le creyó a Dios y le fue contado por justicia. Por tanto, a los 75 años, Abraham ya era creyente y ya había sido declarado justo.

En ese momento, Isaac aún no había nacido. Abram se convirtió en un verdadero creyente al creerle a Dios, y nada más. ¿Y qué fue lo que le creyó a Dios? Que tendría un hijo, a pesar de estar avanzado en edad. Dios le pidió a Abram que sacrificara a Isaac unos 40 años después de haberlo declarado justo. Dicho de otra manera, Abraham estuvo dispuesto a sacrificar a su hijo 40 años después de haber creído. Por lo tanto, la epístola de Santiago no contradice la doctrina de la salvación por la fe sola, sino que la complementa. Lo que su obediencia demostró fue que él era un creyente genuino. Su obediencia fue la evidencia de su fe. Veamos cómo Santiago continúa:

> "Ya ves que la fe actuaba juntamente con sus obras, y como resultado de las obras, la fe fue perfeccionada; y se cumplió la Escritura que dice: 'Y ABRAHAM CREYÓ A DIOS Y LE FUE CONTADO POR JUSTICIA', y fue llamado amigo de Dios". (Stg 2:22-23)

En el caso de Abraham, su obediencia externa puso de manifiesto la autenticidad de su fe interna.

Santiago concluye en el versículo 24: "Como pueden ver, una persona es declarada justa por las obras y no solo por la fe" (NVI). Este último versículo parecería indicar que mi salvación depende de mi fe y de mis obras, pero no es así porque ya hemos visto el ejemplo de Abraham, a quien se le declaró justo unos 40 años antes de ir a sacrificar a su hijo.

Así es como debemos entenderlo: Mi fe, por sí sola, me declara justo delante de Dios. Mis obras me declaran justo delante de los hombres que me observan, porque ellos pueden ver que mi fe va más allá de mis palabras. Mis palabras se convierten en acción. Lo que Santiago está tratando de comunicar es que la fe que no se manifiesta, no es verdadera fe.

Cuarta ilustración: una gentil que llegó a creer y se salvó

"Y de la misma manera, ¿no fue la ramera Rahab también justificada por las obras cuando recibió a los mensajeros y los envió por otro camino? Porque así como el cuerpo sin el espíritu está muerto, así también la fe sin las obras está muerta". (Stg 2:25-26)

Recordemos que, cuando Josué estaba haciendo preparativos para conquistar la tierra de Jericó, envió a dos espías para que le familiarizaran con el terreno. Esos dos espías se hospedaron en la casa de una prostituta llamada Rahab (Jos 2). Esta mujer había oído hablar de las obras que Dios había hecho a favor de los israelitas en el desierto y había llegado a creer en su Dios. Era una mujer cananea y, a pesar de ser una prostituta pagana, llegó a creer en Jehová hasta el punto de que escondió a los dos espías en el techo de su casa, y eventualmente los bajó por una ventana usando una soga, permitiéndoles escapar. Ellos le prometieron que, en el momento de la conquista, salvarían a ella y a los suyos. Santiago usa este ejemplo para demostrar que, aún los gentiles, cuando ponen su confianza en el Dios del cielo y de la tierra, podían y pueden alcanzar la salvación. Al mismo tiempo, la historia de Rahab ilustra que la verdadera fe va acompañada de obras que complacen a Dios, ya que esta mujer cananea no solo creyó en el Dios de los israelitas, sino que también actuó a favor de ellos. Una vez más, esto demuestra que no son las obras las que salvan, sino que la verdadera fe va acompañada de obras.

La doctrina de la justificación por la fe

Para apoyar la enseñanza de Santiago, quiero revisar uno de los textos más importantes para comprender esta doctrina, también llamada salvación solo por fe y no por obras, que se encuentra en Romanos 3:20-26:

> "Porque por las obras de la ley ningún ser humano será justificado delante de Él; pues por medio de la ley viene el conocimiento del pecado. Pero ahora, aparte de la ley, la justicia de Dios ha sido manifestada, confirmada por la ley y los profetas. Esta justicia de Dios por medio de la fe en Jesucristo es para todos los que creen. Porque no hay distinción, por cuanto todos pecaron y no alcanzan la gloria de Dios. Todos son justificados gratuitamente por Su gracia por medio de la redención que es en Cristo Jesús, a quien Dios exhibió públicamente como propiciación por Su sangre a través de la fe, como demostración de Su justicia, porque en Su tolerancia, Dios pasó por alto los pecados cometidos anteriormente, para demostrar en este tiempo Su justicia, a fin de que Él sea justo y sea el que justifica al que tiene fe en Jesús".

"La mayoría de los académicos reconocen este párrafo como el corazón de la epístola a los Romanos".[27] En este pasaje que acabamos de leer, Pablo presenta varias enseñanzas de manera clara:

Enseñanza n.º 1: Por las obras de la ley ningún ser humano será justificado delante de Dios. Dicho en otras palabras, el mejor esfuerzo humano no puede cumplir cada uno de los mandamientos de la ley. Ni siquiera Adán y Eva pudieron cumplir la ley de Dios cuando no tenían una naturaleza pecadora.

Enseñanza n.º 2: "Pues por medio de la ley viene el conocimiento del pecado" (Ro 3:20b). La ley nos sirve como un espejo en el que se refleja el carácter de Dios y, al mismo tiempo, podemos ver nuestro pecado en contraste con lo que Dios es y con lo que nosotros somos.

Enseñanza n.º 3: Con la venida de Cristo, todo cambió radicalmente: "Pero ahora, aparte de la ley, la justicia de Dios ha sido manifestada, confirmada por la ley y los profetas. Esta justicia de Dios por medio de la fe en Jesucristo es para todos los que creen" (Ro 3:21-22).

---

[27] Thomas R. Schreiner, *Romans*, Baker ECNT (Grand Rapids: Baker Academic, 1998), p. 178.

La palabra "ahora" es importante en la Biblia. Con ese "ahora", Pablo hace referencia a que, antes de Cristo, las situaciones eran de una manera, pero ahora son de otra. La frase "pero ahora" aparece unas catorce veces en las epístolas de Pablo y, con frecuencia, se refiere a circunstancias que eran de una forma, pero ahora han cambiado. ¿Y qué es lo que marca la diferencia entre el antes y el ahora? Romanos 3:21 nos da la respuesta: "Pero ahora [...] la justicia de Dios ha sido manifestada". En este contexto, la justicia de Dios hace referencia a la rectitud moral de Dios, que es alcanzada por medio de Cristo. Antes de venir a Cristo, cada uno de nosotros tenía sobre sí la ira de Dios (Jn 3:36), la justicia de un Dios que odia el pecado y que no puede relacionarse con el pecado que mora en nosotros. Esa ira de Dios, o su justicia contra el pecado, reinó desde Adán hasta la resurrección de Cristo.

Enseñanza n.º 4: Toda la humanidad está condenada: "Por cuanto todos pecaron y no alcanzan la gloria de Dios" (Ro 3:23). Eso es cierto hasta el momento en que la persona deposita su confianza, o su fe, en Cristo para el perdón del pecado que lo condena eternamente. Sin Cristo, es pecado nos esclaviza y nos convertimos en sus esclavos. El pecado ata nuestra voluntad para que respondamos a sus deseos y no a los deseos de Dios (2 Ti 2:25-26). El pecado nos condena, pero Cristo nos encontró en el mercado de esclavos.

Enseñanza n.º 5: Mi salvación fue comprada por Cristo y llega a mí por gracia, sin merecerla: "Todos son justificados gratuitamente por Su gracia por medio de la redención que es en Cristo Jesús..." (Ro 3:24).

Si la salvación llega a nosotros por gracia, esto excluye la posibilidad de que pueda ser alcanzada por medio de las obras que hacemos. Pablo argumenta en Romanos 11:6: "Pero si es por gracia, ya no es a base de obras, de otra manera la gracia ya no es gracia. Y si por obras, ya no es gracia; de otra manera la obra ya no es obra".

Enseñanza n.º 6: Dios Padre exigía que se pagara la deuda moral adquirida por Adán al pecar. Como la paga del pecado es la muerte, Cristo tuvo que morir en lugar del pecador:

"A quien Dios exhibió públicamente como propiciación por Su sangre a través de la fe, como demostración de Su justicia, porque en Su tolerancia, Dios pasó por alto los pecados cometidos anteriormente, para demostrar en este tiempo Su justicia, a fin de que Él sea justo". (Ro 3:25-26)

La sangre de Cristo satisfizo la ira de Dios (propiciación) y pagó la deuda que teníamos con Él. Así demostró Dios su justicia.

Enseñanza n.º 7: La justificación viene a través de la fe en la persona de Jesús: "...y sea el que justifica al que tiene fe en Jesús". Esa es la doctrina de la justificación por la fe.

Para meditar

Lutero luchó durante años para entender esta doctrina y finalmente comprendió que, aunque era necesario tener un carácter moral perfecto para entrar en la presencia de Dios, ese carácter no se adquiere a través de nuestras obras de santificación, ya que ninguna es perfecta para cumplir con el estándar de Dios. Esa rectitud moral proviene de Cristo, quien la otorga a través de la fe en Él. Pablo lo expresa de esta manera en 2 Corintios 5:21: "Al que no conoció pecado, le hizo pecado por nosotros, para que fuéramos hechos justicia de Dios en Él". Observemos la frase "lo hizo pecado por nosotros", que se refiere a las consecuencias de nuestro pecado cargadas sobre Jesús en la cruz, y la frase "para que fuéramos hechos justicia de Dios en Él", que nos muestra las bendiciones que recibe el pecador justificado: el carácter santo de Cristo, mediante el cual es declarado santo o justo sin serlo. A esto se refería Lutero cuando dijo que somos "simul justus et peccator", justos y pecadores a la vez.

Eso fue exactamente lo que ocurrió cuando Abram creyó. En Génesis 15:6 dice: "Abram creyó en el SEÑOR, y Él se lo reconoció por justicia". Recordemos que la palabra justicia hace alusión al carácter moral de Dios. Por tanto, lo que Génesis 15:6 dice es que Abram creyó y le fue contado como carácter moral. En otras palabras, la razón de la salvación de Abram no fueron sus obras, sino su fe; la fe que depositó en Dios, y gracias a la cual Dios lo consideró justo, aunque no lo era.

9

LA LENGUA, UNA ESPADA DE DOBLE FILO

Hermanos míos, que no se hagan maestros muchos de ustedes, sabiendo que recibiremos un juicio más severo. Porque todos fallamos de muchas maneras. Si alguien no falla en lo que dice, es un hombre perfecto, capaz también de refrenar todo el cuerpo. Ahora bien, si ponemos el freno en la boca de los caballos para que nos obedezcan, dirigimos también todo su cuerpo. Miren también las naves; aunque son tan grandes e impulsadas por fuertes vientos, son, sin embargo, dirigidas mediante un timón muy pequeño por donde la voluntad del piloto quiere. Así también la lengua es un miembro pequeño, y sin embargo, se jacta de grandes cosas. ¡Pues qué gran bosque se incendia con tan pequeño fuego! También la lengua es un fuego, un mundo de iniquidad. La lengua está puesta entre nuestros miembros, la cual contamina todo el cuerpo, es encendida por el infierno e inflama el curso de nuestra vida. Porque toda clase de fieras y de aves, de reptiles y de animales marinos, se puede domar y ha sido domado por el ser humano, pero ningún hombre puede domar la lengua. Es un mal turbulento y lleno de veneno mortal. Con ella bendecimos a nuestro Señor y Padre, y con ella maldecimos a los hombres, que han sido hechos a la imagen de Dios. De la misma boca proceden bendición y maldición. Hermanos míos, esto no debe ser así. ¿Acaso una fuente echa agua dulce y amarga por la misma abertura? ¿Acaso, hermanos míos, puede una higuera producir aceitunas, o una vid higos? Tampoco la fuente de agua salada puede producir agua dulce. **Santiago 3:1-12**

Sin lugar a dudas, esta carta difiere mucho de las epístolas del após-tol Pablo en cuanto a los temas que aborda. Podríamos decir que Pablo fue el teólogo de los grandes temas doctrinales. Si buscas algo teológicamente profundo e intelectualmente desafiante, solo necesitas leer las epístolas del apóstol Pablo, sobre todo la carta a los Romanos, a los Efesios y a los Gálatas. Sin embargo, yo diría que Santiago es el teó-logo de la vida diaria; un teólogo práctico. Si Santiago fuera consejero hoy, probablemente te diría: "Vamos al grano y dejemos los rodeos". La epístola de Santiago es breve porque él prefiere ir directo al grano.

Como hemos visto, a Santiago le preocupaba la discrepancia entre lo que se predica y lo que se practica. Además, quería que sus seguido-res supieran cómo debe comportarse un verdadero cristiano. Por eso, desde el primer capítulo, Santiago habla de cómo debe un cristiano entender y afrontar las pruebas en este mundo caído, y nos anima a "tenerlas por sumo gozo". También exhorta a orar con fe por sabiduría para hacer frente a dichas pruebas y para resistir las tentaciones y los impulsos de nuestra naturaleza pecadora, que muchas veces nos sedu-ce y nos arrastra. Santiago nos anima a no ser solo oidores de la palabra, sino hacedores, para que haya coherencia entre lo que decimos y lo que vivimos. Según él, una fe genuina se traduce en buenas obras, que podemos señalar como evidencia de que en verdad le hemos entregado nuestra mente, corazón, voluntad y toda nuestra vida a Cristo Jesús.

En este capítulo nueve, comenzamos revisando el capítulo tres de esta carta, que podemos dividir en dos partes. En la primera parte, Santiago habla de la ética de la comunicación del cristiano y, en la se-gunda, de una sabiduría divina que debe caracterizar nuestras vidas, en contraposición con la sabiduría terrenal. Según Santiago, esta sabidu-ría debe reflejarse en la forma en que vive el cristiano vive.

En la primera parte del capítulo tres, Santiago se centra en el control de la lengua, debido al gran poder que tiene para construir o destruir a otras personas. Él es consciente del impacto que tienen las palabras, tan-to para bien como para mal. La frase "hermanos míos", con la que inicia este capítulo, aparece cada vez que Santiago quiere introducir un nuevo tema. Comienza de una manera que da la impresión de que va a abordar un tema distinto, pero termina enfocándose en un punto relacionado.

Así comienza este capítulo: "Hermanos míos, que no se hagan maestros muchos de ustedes, sabiendo que recibiremos un juicio más severo" (Stg 3:1). Dado que el oficio de un maestro es hablar, Santiago comienza con una advertencia para todos aquellos que estamos involucrados en la enseñanza. Las palabras de un maestro pueden traer grandes beneficios o causar serias consecuencias tanto para él como para los demás. Recordemos que la función principal de un maestro es enseñar, por lo que hace uso constante de su lengua. Al hablar, el maestro puede tropezar y caer, y también puede hacer que otros tropiecen y con él. Por eso, el autor de Proverbios nos advierte: "En las muchas palabras, la transgresión es inevitable..." (Pr 10:19).

Pensemos en el gran riesgo que corre un pastor que pasa su vida, enseñando, predicando y aconsejando. En cada una de esas actividades, puede fortalecer el cuerpo de Cristo o desviarlo, debilitarlo e incluso descarriarlo. La advertencia de Santiago también se aplica a aquellos que enseñan en otros ministerios, como en los grupos pequeños. Ser maestro es una gran responsabilidad; pero ser maestro de la palabra de Dios es, en primer lugar, un privilegio, después una responsabilidad y, finalmente, un gran peligro.

De ahí la gran advertencia de Santiago: "...no se hagan maestros muchos de ustedes". Tanto para maestros como para no maestros, es importante saber no solo qué vamos a decir, sino cuándo debemos hablar. Fíjate en el consejo completo de Proverbios 10:19: "En las muchas palabras, la transgresión es inevitable, pero el que refrena sus labios es prudente".

Según la literatura judía, los pecados del habla son de los más comunes y difíciles de controlar.[28] Sin embargo, yo diría que la dificultad de controlar los pecados de la lengua radica en una sola cosa que Cristo mismo explicó en Lucas 6:44-45: "Pues cada árbol por su fruto se conoce. Porque los hombres no recogen higos de los espinos, ni vendimian uvas de una zarza. El hombre bueno, del buen tesoro de su corazón saca lo que es bueno; y el hombre malo, del mal tesoro saca lo que es malo; porque de la abundancia del corazón habla su boca". Si intentamos

---

[28] Dan G. McCartney, James, *Baker Exegetical Commentary on the New Testament* (Grand Rapids: Baker Academic, 2009), p. 180.

controlar nuestra lengua sin cambiar nuestro corazón, seguiremos tropezando una y otra vez. Por el contrario, si cultivamos un corazón piadoso, en conexión con la palabra y el Espíritu de Dios, el control de la lengua será el resultado natural de una vida santa ante Dios.

David también entendía la conexión entre la lengua y el corazón. Leamos sus palabras en el Salmo 141:3-4:

> "Señor, pon guarda a mi boca;
> Vigila la puerta de mis labios.
> No dejes que mi corazón se incline a nada malo,
> Para practicar obras impías
> Con los hombres que hacen iniquidad,
> Y no me dejes comer de sus manjares".

¿Notaste la primera petición? "Pon guarda a mi boca". Luego continúa diciendo: "No dejes que mi corazón se incline a nada malo". El autor de Proverbios pide ayuda a Dios para poder controlar su lengua.

Santiago ya nos había dicho algo similar en 1:26 de esta carta: "Si alguien se cree religioso, pero no refrena su lengua, sino que engaña a su propio corazón, la religión del tal es vana". Otra forma de decirlo sería: "Si alguien se considera cristiano, pero no refrena su lengua, engaña a su corazón, y su cristianismo es inútil". Una vez más, la preocupación de Santiago es que el verdadero cristiano se parezca a Cristo y no a los fariseos, quienes decían una cosa y hacían otra. Al final, nos cuesta controlar la lengua porque el Espíritu no nos controla, y nuestra lengua sigue dominada por la vieja naturaleza.

Cuando estamos llenos del Espíritu, nuestro corazón y nuestra mente son transformados, de modo que ahora nuestra mente guía nuestra lengua para hablar de una manera distinta, más santa y más piadosa.

Esto muestra nuestra madurez en Cristo. Fijémonos en lo que dice Santiago en el versículo 2: "Porque todos fallamos de muchas maneras. Si alguien no falla en lo que dice, es un hombre perfecto, capaz también de refrenar todo el cuerpo". La NTV traduce la segunda parte del versículo de la siguiente manera: "Si pudiéramos dominar la lengua, seríamos perfectos, capaces de controlarnos en todo sentido". La palabra traducida como "perfecto" en ambas versiones de la Biblia hace referencia a una persona espiritualmente madura.

El texto nos dice que todos fallamos de muchas maneras, pero creo que pecamos más con la lengua, o con lo que decimos, que de cualquier otra forma. La inclinación natural del corazón humano caído es mentir. Mentimos para vernos mejor o para proteger nuestra reputación. A menudo, minimizamos la verdad o la exageramos en nuestra conveniencia y, cuando no lo hacemos, distorsionamos por completo los hechos, siempre de una manera que nos favorece. Sin embargo, no creemos que estemos mintiendo porque pensamos que estamos hablando de la verdad. El problema es que no estamos diciendo toda la verdad; ya sea que digamos más o menos de la verdad, lo hacemos con la intención de engañar. Esto convierte la verdad en mentira. En el Salmo 12:2-3, el rey David nos advierte:

> "Falsedad habla cada uno a su prójimo;
> Hablan con labios lisonjeros y con doblez de corazón.
> Corte el Señor todo labio lisonjero,
> La lengua que habla con exageración".

La exageración de los hechos es una falsedad, a menos que se utilice como una hipérbole, que resulta evidente por el contexto. Cuando no exageramos ni minimizamos, a veces caemos en la condena o crítica hacia los demás, o en el menosprecio de sus vidas y obras. La maldad de nuestros corazones se manifiesta en palabras de celos, envidias, rivalidades, desprecio, acusaciones, egoísmo, insensibilidad o palabras hirientes; en lenguaje de resentimiento, odio y muchas otras actitudes.

Otro de los pecados comunes del habla es el chisme. Según el diccionario de la Real Academia Española, el chisme es una noticia, verdadera o falsa, que se utiliza para poner a una persona en contra de otra.

La lengua es el reflejo de nuestro corazón. Esto es evidente para los hombres porque escuchan nuestras palabras, pero Dios también escucha lo que pensamos en los rincones más oscuros de nuestras mentes. La primera advertencia de Santiago es para nosotros, los maestros.

En el caso de los falsos maestros, muchas veces el problema no está en lo que dicen, sino en lo que omiten. Otras veces, el error está en lo que dicen, que parece piadoso, pero sirve para ocultar lo malo que están dejando de mencionar. Lo triste es que, muchas veces, eso mismo ocurre en nosotros.

La literatura, tanto judía como no judía, está llena de advertencias sobre el uso de la lengua. Lee estos pasajes del Salmo 39:1:

> "Yo dije: «Guardaré mis caminos
> Para no pecar con mi lengua;
> Guardaré mi boca como con mordaza
> Mientras el impío esté en mi presencia»".

Observa la relación entre mis caminos y mi lengua. Si camino por el sendero de la verdad, podré ser veraz al hablar.

En el texto de la carta de Santiago que estamos analizando, él utiliza cuatro ilustraciones para mostrarnos la necesidad de controlar la lengua:

1. Los caballos son dirigidos y frenados mediante un freno colocado en la boca, que, a pesar de su tamaño, es capaz de mover el cuerpo de un caballo de varios cientos de libras (v. 3).
2. Los barcos son dirigidos en una dirección mediante un timón muy pequeño (v. 4).
3. Un pequeño fuego puede incendiar todo un bosque (v. 5).
4. La lengua es un fuego: "También la lengua es un fuego, un mundo de iniquidad. La lengua está puesta entre nuestros miembros, la cual contamina todo el cuerpo, es encendida por el infierno e inflama el curso de nuestra vida" (v. 6).

La lengua es un fuego por:

- el daño que puede causar,
- las relaciones que puede destruir,
- las mentiras que puede transmitir,

- el pecado que puede cometer,
- las pasiones que puede incitar.

En este versículo 6 del texto base de este capítulo, Santiago dice que la lengua contamina todo el cuerpo. Jesús, el medio hermano de Santiago, lo expresó de esta manera en Mateo 15:11: "...no es lo que entra en la boca lo que contamina al hombre; sino lo que sale de la boca, eso es lo que contamina al hombre". Unos versículos más adelante, Jesús aclara:

"¿No entienden que todo lo que entra en la boca va al estómago y luego se elimina? Pero lo que sale de la boca proviene del corazón, y eso es lo que contamina al hombre. Porque del corazón provienen malos pensamientos, homicidios, adulterios, fornicaciones, robos, falsos testimonios y calumnias. Estas cosas son las que contaminan al hombre; pero comer sin lavarse las manos no contamina al hombre" (Mt 15:17-20).

Si prestamos atención, Cristo nos está diciendo que la manera en que hablamos es un reflejo de la condición del corazón. Si llevamos esta idea al máximo, así se refleja en la vida real:

- La condición del corazón determina cómo pensamos.
- Nuestros pensamientos originan emociones, que no son impuestas por otros, sino que nacen dentro de nosotros.
- Y, finalmente, cómo pensamos determina cómo hablamos.

Nuestras palabras revelan la obstrucción espiritual de las arterias de nuestro corazón, no porque estén llenas de placas de colesterol, sino porque están llenas de iniquidad.

Santiago 3:6 dice que la lengua es un mundo de iniquidad. Es su forma de decir que la lengua expresa el mundo de iniquidad que llevamos dentro. Revela toda la corrupción moral de nuestro interior. Santiago menciona que la lengua es encendida por el infierno y que inflama el curso de nuestra vida. Esto se debe a que las fuerzas de las tinieblas saben cómo agitar nuestras emociones y, una vez que nos dejamos llevar por ellas, nuestra lengua pronunciará palabras profanas o llenas de ira. Ambas pueden causar daño, y esa es la misión de Satanás: destruir.

La lengua tiene el poder de destruir o construir, y esto puede ocurrir en nuestras propias vidas. Recuerda cómo Pedro dijo estar dispuesto a ir hasta la muerte con Jesús (Lc 22:33). Lo proclamó con orgullo, con la misma lengua, y lo negó tres veces horas más tarde (Lc 22:54-62). Sin embargo, días después, tras la resurrección de Jesús, Pedro predicó un sermón y tres mil personas se convirtieron. Este es el poder de la lengua para hacer el bien o el mal.

Santiago expresa su frustración: "Porque toda clase de fieras y de aves, de reptiles y de animales marinos, se puede domar y ha sido domado por el ser humano, pero ningún hombre puede domar la lengua. Es un mal turbulento y lleno de veneno mortal" (Stg 3:7-8). Aunque grandes animales pueden ser dominados por pequeños objetos, no podemos controlar nuestra lengua hasta el punto de que Santiago la describa como "un mal turbulento y lleno de veneno mortal" (Stg 3:8). La razón es sencilla: su control depende de la condición del corazón.

- Controlar la lengua requiere estar lleno del Espíritu.
- La plenitud del Espíritu produce el fruto del Espíritu.
- Una de las virtudes del fruto del Espíritu es el dominio propio.
- El dominio propio nos ayuda a controlar nuestra lengua y nuestra forma de hablar.

El autor de Proverbios nos enseña: "El que guarda su boca y su lengua, Guarda su alma de angustias" (Pr 21:23). La razón por la que se nos aconseja ser prudentes al hablar es que a menudo pronunciamos palabras que luego no podemos retirar y, al no poder hacerlo, muchas personas resultan heridas. Esto nos genera angustia, porque nos damos cuenta de que hemos dañado a otros y también hemos perjudicado nuestra reputación al revelar lo que llevábamos dentro.

Finalmente, Santiago concluye su enseñanza sobre la lengua: "Con ella bendecimos a nuestro Señor y Padre, y con ella maldecimos a los hombres, que han sido hechos a la imagen de Dios. De la misma boca proceden bendición y maldición. Hermanos míos, esto no debe ser así" (Stg 3:9-10). Santiago es muy claro sobre cómo debemos comportarnos en nuestra vida diaria. En estas palabras hay varias lecciones.

En primer lugar, si usamos la lengua para bendecir a Dios en un momento y para maldecir a otros en otro, somos personas de doble ánimo, como menciona Santiago en el capítulo 1. Este tipo de personas, según Santiago, no deben esperar nada de Dios. Considera que quien habla de una manera en un momento y de otra en otro es un hipócrita, y la hipocresía es condenada por Dios. Santiago señala: "De la misma boca proceden bendición y maldición. Hermanos míos, esto no debe ser así" (Stg 3:10). Santiago sigue dirigiéndose a cristianos, a los que llama "hermanos míos".

En segundo lugar, hablar mal de otra persona o condenarla no es poca cosa, ya que esa persona es portadora de la imagen de Dios, como dice Santiago en el versículo 9. Si hablas mal del perro de tu vecino, probablemente no sea grave, pero cuando hablas mal del vecino, ya estás cruzando una línea peligrosa pues estás atacando la imagen de Dios.

La idea de que el otro es portador de la imagen de Dios me ha impedido en muchas ocasiones decir o hacer algo que pudiera dañarlo. De hecho, hace años, argumentaba frente a la sociedad latinoamericana de abogados cristianos que los derechos humanos solo tienen sentido si aceptamos que la imagen de Dios está presente en el ser humano. De lo contrario, si esa imagen no está en el ser humano, no tenemos más derechos que los animales, pues seríamos simplemente materia evolucionada.

Peter Singer, catedrático estadounidense y uno de los filósofos más destacados de nuestros días, establece en su libro *Practical Ethics* que "el hombre es básicamente otro animal más, con los mismos derechos que el resto de los animales". Además, ha afirmado que el hombre probablemente tiene menos derechos que algunos animales porque, por ejemplo, un infante no tiene conciencia de sí mismo, mientras que los animales sí la tienen. "Por tanto, dice Singer, la vida de un recién nacido puede valer menos que la vida de un cerdo, un perro o un chimpancé".

Singer añade que sería razonable esperar un período de unos 28 días antes de asumir que un recién nacido tiene los mismos derechos que otros.[29] Esta es la razón por la que él opina que, si unos padres tienen un

---

[29]　Peter Singer, *Practical Ethics* (NY: Cambridge University Press; 3ra edición, 2011).

hijo con síndrome de Down, el Estado debería concederles el derecho de quitarle la vida hasta la edad de tres años, pues con ello probablemente aliviarían su dolor. Evidentemente, Peter Singer es completamente ateo y considera al ser humano equiparable a cualquier animal.

Para meditar

Así que, cuando somos irrespetuosos con nuestro prójimo, no solo estamos faltando el respeto a esa persona, sino que estamos mancillando la imagen de Dios, y eso no es poca cosa.

Reconocer que las personas son portadoras de la imagen del Dios del cielo y la tierra debería llevarnos a tratarlas con mayor respeto. Por ejemplo, cuando personas nos han buscado en consejería para confesar su lucha con la pornografía, una de las primeras recomendaciones que damos es: "Hermano(a), la próxima vez que te expongas a esa imagen pornográfica, considera que estás viendo la imagen de Dios presentada de manera perversa para tu disfrute". Asimismo, cuando alguien nos dice que está teniendo problemas con su cónyuge, solemos aconsejar: "La próxima vez que discutan, recuerda que, al tratar a tu cónyuge, estás tratando la imagen de Dios en él o en ella; y eso no es poca cosa para Dios".

El pasaje de Santiago 3:1-12 demuestra que, desde el punto de vista de Dios, cuando maltratamos a nuestro prójimo, el problema no es solo con esa persona, sino con Dios, ya que no respetamos ni valoramos la imagen de Dios en el otro. Esta es, una vez más, es la base de los derechos humanos y la razón por la que los cristianos debemos tener la mejor ética en nuestras relaciones con los demás, dado el gran valor que la Palabra de Dios otorga a los portadores de su imagen.

En el libro del Génesis 1:26-27 se nos dice: "Dios creó al hombre a imagen Suya, a imagen de Dios lo creó; varón y hembra los creó". La palabra traducida como "imagen" en hebreo es *tselem*, que significa una figura representativa. En griego es la palabra *eikon*, de donde proviene el español "ícono". Un ícono es precisamente un símbolo que representa algo. Por lo tanto, cuando hablamos de la imagen de Dios en el ser humano, nos referimos a un ser creado con la capacidad de representar a Dios en la tierra.

Finalmente, Santiago nos muestra la gran contradicción que representamos si venimos a la iglesia a adorar a Dios y luego salimos de allí para hablar mal de otros, maldecirlos, criticarlos o condenarlos. Mira cómo expresa Santiago esta contradicción:

> "¿Acaso una fuente echa agua dulce y amarga por la misma abertura? ¿Acaso, hermanos míos, puede una higuera producir aceitunas, o una vid higos? Tampoco la fuente de agua salada puede producir agua dulce". (Stg 3:11-12)

Jesús lo expresó de esta manera: "Porque no hay árbol bueno que produzca fruto malo, ni a la inversa, árbol malo que produzca fruto bueno. Pues cada árbol por su fruto se conoce. Porque los hombres no recogen higos de los espinos, ni vendimian uvas de una zarza" (Lc 6:43-44).

10

LA SABIDURÍA DE LO ALTO PARA LA VIDA DEBAJO DEL SOL

¿Quién es sabio y entendido entre ustedes? Que muestre por su buena conducta sus obras en sabia mansedumbre. Pero si tienen celos amargos y ambición personal en su corazón, no sean arrogantes y mientan así contra la verdad. Esta sabiduría no es la que viene de lo alto, sino que es terrenal, natural, diabólica. Porque donde hay celos y ambición personal, allí hay confusión y toda cosa mala. Pero la sabiduría de lo alto es primeramente pura, después pacífica, amable, condescendiente, llena de misericordia y de buenos frutos, sin vacilación, sin hipocresía. Y la semilla cuyo fruto es la justicia se siembra en paz por aquellos que hacen la paz.
Santiago 3:13-18

La sabiduría de lo alto para la vida debajo del sol es un tema muy cercano a mi corazón por muchas razones, y creo que es un tema muy necesario para nuestros días. Siempre ha sido importante contar con sabiduría para vivir, pero esta generación se enfrenta a riesgos, desafíos y problemas que hacen aún más necesario vivir con la sabiduría de Dios. Sin duda, estamos viviendo en la generación tecnológica más avanzada de todos los tiempos, especialmente en los últimos 25 o 30 años, pero también en una de las épocas de mayor descomposición social y moral a nivel mundial. Me gustaría destacar que esta crisis social es global, porque, aunque siempre ha habido áreas con problemas, hoy parece que el mundo entero está colapsando. En el pasado, algunas partes del mundo mostraban signos de descomposición, pero ahora parece que todo el mundo está colapsando. En particular, la civilización occidental ha perdido su base de apoyo y su columna vertebral, y, como consecuencia, se está derrumbando poco a poco.

Es impactante ver que la generación con más conocimiento de la historia es la que muestra los mayores niveles de decadencia. Hoy en día, la gente no sabe distinguir lo bueno de lo malo, la verdad del error ni lo moral de lo inmoral.

Nuestra generación ni siquiera sabe definir lo que es un hombre o una mujer. Parece que ya no se entiende lo que es una persona, una familia, un matrimonio, o la diferencia entre la educación sexual y el adoctrinamiento pornográfico. Esta generación ha perdido el sentido común. Aún tenemos inteligencia, pero hemos perdido la sabiduría.

Muchas personas saben "el qué", pero no entienden "el porqué". Por ejemplo, saben qué es una boda (el qué), pero no entienden por qué casarse o por qué Dios considera el matrimonio tan especial. Esa es la diferencia entre tener conocimiento (el qué) y tener sabiduría (el porqué). Con conocimiento puedes organizar o construir una empresa, pero si solo tienes conocimiento, no podrás organizar tu propia vida.

Warren Wiersbe, a quien he citado en otras ocasiones en este libro, dice que "todos conocemos personas muy inteligentes, quizás casi genios, y, sin embargo, parecen incapaces de llevar a cabo las simples tareas de la vida. Pueden manejar computadoras, pero no pueden manejar sus propias vidas". Y Wiersbe termina su cita haciendo uso de Proverbios 4:7: "Lo principal es la sabiduría; adquiere sabiduría...".

Se necesita sabiduría para formar una familia y, aún más, para construir una civilización. La sabiduría te permite construir, pero el conocimiento sin sabiduría lleva a la destrucción. Destruyes tu vida, tu matrimonio y la vida de otros. La sabiduría construye, mientras que el conocimiento carente de sabiduría destruye. El conocimiento puede ayudarte a encontrar un trabajo temporal, pero la sabiduría de Dios te lleva a la vida eterna que será para siempre.

Una sola mala decisión tomada sin sabiduría puede provocar un daño enorme. En un solo día, con una sola acción o conversación, Adán perdió la sabiduría que Dios le había dado. La perdió cuando cambió la verdad de Dios por la mentira. Dios, la fuente de la verdad, le ofreció su verdad, y Satanás, el padre de la mentira, le ofreció su mentira. Adán eligió la mentira (Ro 1:25). Lo que perdimos en Adán, lo ganamos en Cristo. De hecho, en Cristo ganamos mucho más de lo que perdimos en Adán. En Cristo, nunca volveremos a pecar y, además, hemos sido hechos coherederos con Él. Lo que perdimos en el Edén, lo recuperamos en los cielos y mucho más.

En la palabra de Dios se han dado diferentes definiciones de lo que es la sabiduría. Una podría ser: "La sabiduría es la habilidad de ver la vida como Dios la ve y luego vivir consecuentemente con ella". Otra definición sería: "La sabiduría es saber aplicar las verdades bíblicas a las diferentes circunstancias de la vida".

Santiago estaba preocupado por cómo deben vivir los cristianos y, por otro lado, le inquietaba que muchas personas dijeran ser cristianas, pero su vida demostrara lo contrario. De nuevo, en el texto que sigue nos instruirá al respecto.

En el capítulo dos, Santiago argumenta que quien dice tener fe, pero no muestra las obras que la respalden, tiene una fe muerta y, por lo tanto, no tiene salvación. Aquí, más que definir la fe como confianza en Dios, Santiago la define en términos prácticos, señalando que la falta de buenas obras en la vida de una persona muestra que no tiene fe.

En el capítulo anterior, vimos que Santiago enseña que un cristiano debe controlar su lengua, sobre todo si se tiene en cuenta que la otra persona es portadora de la imagen de Dios. Santiago también afirma que la forma en que una persona habla revela si esa persona es cristiana o no. En Santiago 3:9, nos dice que no debe salir bendición y maldición de la misma boca de alguien que dice haber nacido de nuevo.

Ahora, Santiago nos ayuda a diferenciar la sabiduría divina de la sabiduría terrenal. Al hacer esta distinción, lo hace en términos de la calidad de vida que resulta de una u otra.

En el pasaje que citamos al inicio de este capítulo, Santiago habla acerca de la sabiduría. Sobre este tema, tiene varias verdades que enseñarnos. Como es su costumbre, Santiago comienza este texto con una pregunta: "¿Quién es sabio y entendido entre ustedes?". Santiago formula la pregunta porque muchos dicen ser sabios, poseer cualidades para enseñar y tener la sabiduría requerida para liderar, especialmente en asuntos relacionados con el Señor. Sin embargo, Santiago aclara de inmediato que no basta con decirlo o creerlo: debes demostrar que posees sabiduría en tu manera de vivir y en la demostración de un carácter piadoso.

Así lo dice Santiago: "Que muestre por su buena conducta sus obras en sabia mansedumbre". Esto es lo que expresa la NTV en Santiago 3:13:

> "Si ustedes son sabios y entienden los caminos de Dios, demuéstrenlo viviendo una vida honesta y haciendo buenas acciones con la humildad que proviene de la sabiduría".

La persona sabia sabe vivir de una manera que agrada a Dios. Esa persona debe tener un carácter justo o bondadoso, lo que Santiago llama "buena conducta", y debe mostrar una sabia mansedumbre, según la traducción de la NBLA. En griego antiguo, la palabra "mansedumbre", se usaba para referirse a un animal domesticado. Así que un cristiano manso es un creyente que tiene todas sus emociones, impulsos e instintos bajo control. Esto refleja que esa persona ha adquirido sabiduría. Cuando nuestros impulsos y deseos están fuera de control, hemos perdido la sabiduría para vivir o nunca la hemos poseído.

La vida de Salomón demuestra que es posible poseer sabiduría divina en un momento dado y perderla en otro. La única diferencia entre esos momentos en la vida de Salomón fue su relación con Dios. Dios es la fuente de la sabiduría.

Puedes adquirir el conocimiento de otra persona, pero no puedes adquirir sabiduría de la misma manera. La razón se explica en Eclesiastés 2:26: "Porque a la persona que le agrada, Él le ha dado sabiduría, conocimiento y gozo". En Santiago 3:13, se nos exhorta a demostrar nuestra sabiduría viviendo con mansedumbre, una mansedumbre sabia, para usar la expresión de Santiago. La mansedumbre de la que habla Santiago no es la pasividad de quienes viven sin actuar, ni la timidez de los que están presos del temor; es la verdadera sabiduría que viene de lo alto, y que se manifiesta en una mansedumbre sabia provista por Dios. En otras palabras, Dios nos da la sabiduría que nos hace mansos de manera sabia. Cristo dijo: "Aprended de mí que soy manso y humilde de corazón". La sabiduría se adquiere de Dios como un don, y la mansedumbre se aprende con Cristo, al conocerlo a través de los evangelios. Esto es claro, porque la verdadera mansedumbre es el fruto de la sabiduría; ambas virtudes provienen de Dios.

La humildad y la mansedumbre de las que habla Cristo son dos virtudes que forman dos caras de la misma moneda. No se pueden separar, ya que una, no puede existir sin la otra. La humildad es interna y tiene mucho que ver con nuestra actitud interior y nuestra forma de vernos a nosotros mismos y a los demás. La mansedumbre, por otro lado, es externa y está relacionada con la forma en que tratamos a los demás; cómo les hablamos y cómo reaccionamos ante ellos.

La mansedumbre es una de las virtudes mencionadas en Gálatas 5:22-23, que forman parte del fruto del Espíritu. Así que la ausencia de esta mansedumbre indica una deficiencia en el fruto del Espíritu de ese creyente y, en algunos casos, una ausencia total de la morada del Espíritu.

Para Santiago, una vida que no exhibe las cualidades de un cristiano no está siendo dirigida por el Espíritu de Dios. Y si no está siendo dirigida por el Espíritu Santo, debemos preguntarnos si el Espíritu de Dios mora realmente en esa persona.

Santiago menciona cuatro características que revelan una sabiduría que no proviene de lo alto, sino de la carne. Esta lista no es exhaustiva. Veamos estas cuatro características:

"Pero si tienen celos amargos y ambición personal en su corazón, no sean arrogantes y mientan así contra la verdad". (Stg 3:14)

Las cuatro características de la sabiduría terrenal son: celos amargos, ambición personal, arrogancia u orgullo y engaño o mentira. Otras traducciones dicen "envidias amargas" en lugar de "celos amargos". La envidia nos lleva a desear lo que otros tienen y, peor aún, muchas veces nos hace desear que el otro no tenga lo que nosotros no podemos tener. La persona envidiosa vive preguntándose por qué el otro recibe algo que ella no. Cuando eso no se resuelve, conduce a la amargura: celos amargos o una envidia amarga. Ese es el resultado. La persona envidiosa tiene ambición personal y es egoísta. Santiago señala que el mundo puede enseñarte a vivir así, pero esa sabiduría es terrenal. La persona envidiosa es egoísta y, además, arrogante; se cree mejor de lo que es y se considera superior a los demás. Estos son tres de los rasgos que exhiben las personas con sabiduría terrenal.

La cuarta característica es la mentira. La mentira, es típica de la sabiduría del mundo y de la sabiduría de Satanás. De hecho, Santiago califica esta sabiduría de "diabólica" en el siguiente versículo: "Esta sabiduría no es la que viene de lo alto, sino que es terrenal, natural, diabólica" (Stg 3:15). Es una sabiduría que tiene la mentira como trasfondo. Una vez escuché a Steven Lawson decir que nunca nos parecemos tanto a Satanás como cuando abrazamos la mentira, decimos mentiras y vivimos en la mentira. Jesús nos ayudó a entender esto cuando dijo:

> "Ustedes son de su padre el diablo y quieren hacer los deseos de su padre. Él fue un asesino desde el principio, y no se ha mantenido en la verdad porque no hay verdad en él. Cuando habla mentira, habla de su propia naturaleza, porque es mentiroso y el padre de la mentira". (Jn 8:44)

En el versículo 15, Santiago llama a esta sabiduría del mundo "terrenal, natural y diabólica". La palabra "terrenal" nos recuerda al mundo. El mundo nos enseña a vivir de una manera que no corresponde a la sabiduría de Dios. La sabiduría del mundo es materialista, pragmática (lo que funcione está bien), egoísta (yo primero), clasista (unos mejores que otros), prejuiciosa (contra aquellos que rechazamos), competitiva (siempre deseando ganar la carrera o el argumento), y contenciosa.

La segunda palabra que usa Santiago para calificar la sabiduría de este mundo es "natural". Se trata de una sabiduría típica de la naturaleza caída. Bajo este calificativo se incluye el estilo de vida construido sobre las pasiones de la carne, ya que es natural o típico de la naturaleza caída. Estas pasiones nos seducen, nos hacen perder la razón y, cuando están encendidas, nos hacen ignorar a Dios y nos vuelven ateos prácticos. La sabiduría del mundo es sensorial, guiada por los sentidos, y sensual, reflejando la sexualidad humana a partir de Génesis 3.

En contraste, la sabiduría revelada por Dios en su palabra es santa, lógica y honra a Dios y a la dignidad humana.

Finalmente, Santiago llama a esta sabiduría "diabólica". La sabiduría que copiamos del mundo se parece más a Satanás que a cualquier otra cosa o ser. Como han afirmado otros, los cristianos deben luchar contra Satanás, el mundo y la carne. La sabiduría diabólica se refleja en la astucia con la que la serpiente actuó en el Jardín del Edén y en el desierto cuando tentó a Cristo.

En el libro del Génesis 3 vemos:

- el uso de una astucia maquinadora para encubrir las verdaderas intenciones.
- cómo la serpiente se acercó a Eva, pero su verdadero objetivo era Adán.
- un lenguaje piadoso con intenciones malvadas.
- el uso de una pregunta aparentemente inocente, "¿Con que Dios ha dicho?", para esconder la maldad detrás de la acción.
- una sabiduría que calcula cada paso y considera todas las posibilidades antes de actuar.
- una sabiduría que sabe esperar con calma para asestar el golpe.

Esa fue la sabiduría de Judas. En el aposento alto, Judas preguntó inocentemente: "¿Soy yo maestro?", refiriéndose al que lo iba a entregar. Los demás hicieron la misma pregunta, pero Judas sabía que él era el traidor. El resultado final en el Edén fue confusión y destrucción, y estos efectos han continuado hasta el día de hoy. Esto se parece al lenguaje de Santiago 3:16: "Porque donde hay celos y ambición personal, allí hay confusión y toda cosa mala".

La palabra traducida en este versículo como "confusión" significa desorden e inestabilidad, características típicas de la sabiduría de este mundo. Cuando Satanás logra impactar o infiltrarse en una iglesia, esta termina en circunstancias similares. Esto ocurrió en la iglesia de Corinto: "Pues temo que, cuando vaya, no me gustará lo que encuentre, y que a ustedes no les gustará mi reacción. Temo que encontraré peleas, celos, enojo, egoísmo, calumnias, chismes, arrogancia y conducta desordenada" (2 Co 12:20).

Así es como se muestra el mundo actual, y se ve así porque el núcleo familiar, que es la base de cualquier nación estable, está en desorden. En la gran mayoría de los casos, el núcleo familiar se encuentra en caos porque el mundo interior de las personas que lo componen está igualmente desordenado. Todo comienza con una persona, y esa persona somos tú y yo.

La sabiduría de este mundo, que Santiago llama diabólica, crea división, pleitos, enemistades, contiendas y, finalmente, destrucción. Eso es lo que vino a hacer Satanás, y por esa razón Santiago la llama "sabiduría diabólica". Pablo reprendió a la iglesia de Corinto por sus celos, envidias, divisiones y por su falta de sabiduría divina. El mundo entero está confundido hoy porque ha decidido vivir según esa sabiduría natural, propia del hombre alejado de Dios. Podemos optar por seguir la sabiduría del mundo y las formas engañosas de Satanás, pero no podemos evitar las consecuencias.

Sin embargo, existe otra sabiduría que produce frutos distintos, la cual Santiago describe en términos diferentes:

"Pero la sabiduría de lo alto es primeramente pura, después pacífica, amable, condescendiente, llena de misericordia y de buenos frutos, sin vacilación, sin hipocresía". (Stg 3:17)

Fíjate en las virtudes de esta sabiduría que viene de lo alto: es pura. La sabiduría de Dios produce una vida de excelencia moral, una vida de santidad. La sabiduría del mundo, por el contrario, produce una vida de inmoralidad.

En Santiago 4:4, él nos dice: "¡Oh almas adúlteras! ¿No saben ustedes que la amistad del mundo es enemistad hacia Dios? Por tanto, el que quiere ser amigo del mundo, se constituye enemigo de Dios". Si te comportas conforme a la sabiduría del mundo, Dios te llama adúltero porque le has sido infiel. Pablo, de hecho, nos dice en 1 Corintios 1:20 y 3:19 que la sabiduría del mundo es necedad ante los ojos de Dios. La sabiduría de este mundo es fruto de la razón humana, mientras que la sabiduría que viene de lo alto es fruto de la revelación de Dios.

Mientras la sabiduría del mundo es egoísta, engañosa, encubridora, mentirosa y divisiva, la sabiduría que viene de lo alto es pura. No vive para promover el placer del momento, no es egoísta ni sensorial, ya que no se guía solo por las sensaciones que proporcionan los sentidos. Carece de segundas intenciones y considera cómo afectan sus acciones a los demás. Esta sabiduría que viene de lo alto no negocia la verdad en ninguna de sus expresiones, como lo hizo Adán en el Edén. La sabiduría que viene de lo alto es pacífica y busca la unidad en lugar de la división.

La sabiduría de Satanás nos llevó a un estado de irreconciliación con Dios; incluso llegamos a ser enemigos de Dios (Ro 5:10). Mientras tanto, la sabiduría que viene de lo alto es pacífica porque promueve el perdón, el amor y la paz entre los hermanos. La sabiduría de Dios nos reconcilió con Él:

> "Y todo esto procede de Dios, quien nos reconcilió con Él mismo por medio de Cristo, y nos dio el ministerio de la reconciliación; es decir, que Dios estaba en Cristo reconciliando al mundo con Él mismo, no tomando en cuenta a los hombres sus transgresiones, y nos ha encomendado a nosotros la palabra de la reconciliación". (2 Co 5:18-19)

Sin embargo Satanás, el padre de la mentira, dividió al Creador de su criatura. Sin embargo, Cristo se encarnó para reunirnos de nuevo con Dios como una familia a través de la verdad. Según Santiago, esta sabiduría que viene de lo alto es amable, pero no es débil ni compromete la verdad. Es una amabilidad firme. Alguien describió al presidente Abraham Lincoln como un hombre con un carácter de "acero revestido de terciopelo". Esa es una buena descripción de una persona en la que Dios ha obrado. Según Santiago, la sabiduría que viene de lo alto es condescendiente. Tiene en cuenta a los demás y está dispuesta a ceder sin comprometer la verdad. Es fácil convivir con una persona condescendiente, pero es muy difícil hacerlo con alguien intransigente, testarudo, terco e inflexible. Eso no es propio del carácter de un cristiano lleno de la sabiduría de Dios.

Es una sabiduría llena de misericordia, como dice Santiago en el versículo 17. Sin embargo, la misericordia que Cristo mostró no lo eximió de condenar a los escribas y fariseos ni de denunciar lo que estaba mal hecho, llegando incluso a dar vuelta las mesas y echar a los cambistas del templo. La sabiduría de Dios sabe indignarse cuando su santidad está siendo pisoteada.

La siguiente característica de esa sabiduría es que está llena de buenos frutos. Por eso, Jesús nos enseñó: "Por sus frutos, los conocerán", refiriéndose a los falsos maestros (Mt 7:16). Esto es coherente con lo que Cristo enseñó en el Sermón del Monte (Mt 7:15-20, NTV):

> "Ten cuidado de los falsos profetas que vienen disfrazados de ovejas inofensivas, pero en realidad son lobos feroces. Puedes identificarlos por su fruto, es decir, por la manera en que se comportan. ¿Acaso puedes recoger uvas de los espinos o higos de los cardos? Un buen árbol produce frutos buenos y un árbol malo produce frutos malos. Un buen árbol no puede producir frutos malos y un árbol malo no puede producir frutos buenos. Por lo tanto, todo árbol que no produce frutos buenos se corta y se arroja al fuego. Así es, de la misma manera que puedes identificar un árbol por su fruto, puedes identificar a la gente por sus acciones".

Para meditar

Finalmente, Santiago dice que esa sabiduría es, "sin vacilación, sin hipocresía". Es decir, sin engaño. Esta forma de sabiduría no usa la mentira ni encubre los hechos, como lo hizo Satanás en el jardín del Edén. La palabra traducida como "hipocresía" se usaba en el griego antiguo para referirse a alguien que se colocaba una máscara, como un actor. Así es como la palabra de Dios describe a la persona que aparenta ser algo en público, pero en privado es otra cosa. Un maestro de la palabra no puede decir que es pastor de la iglesia de Dios y luego enseñar algo que no sea la Palabra de Dios; debe enseñar solo la Escritura y luego vivir conforme a ella. Esto es lo que Pablo señala en 2 Corintios 1:12:

> "Porque nuestra satisfacción es esta: el testimonio de nuestra conciencia que en la santidad y en la sinceridad que viene de Dios, no en sabiduría carnal sino en la gracia de Dios, nos hemos conducido en el mundo y especialmente hacia ustedes".

Finalmente, Santiago nos dice en el versículo 18: "Y la semilla cuyo fruto es la justicia se siembra en paz por aquellos que hacen la paz".

Amados, Adán no acusó a Eva de ser la culpable de su pecado hasta que el pecado los dividió ("la mujer que tú me diste"). Incluso llegó a acusar a Dios por haberle dado una mujer inadecuada. Pero esta acusación no se le había pasado por la mente a Adán hasta que la serpiente dividió a la primera pareja y finalmente los separó de Dios.

11

CÓMO CAMINAR CON DIOS

¡Oh almas adúlteras! ¿No saben ustedes que la amistad del mundo es enemistad hacia Dios? Por tanto, el que quiere ser amigo del mundo, se constituye enemigo de Dios. ¿O piensan que la Escritura dice en vano: «Dios celosamente anhela el Espíritu que ha hecho morar en nosotros?». Pero Él da mayor gracia. Por eso dice: «Dios RESISTE A LOS SOBERBIOS, PERO DA GRACIA A LOS HUMILDES». Por tanto, sométanse a Dios. Resistan, pues, al diablo y huirá de ustedes. Acérquense a Dios, y Él se acercará a ustedes. Limpien sus manos, pecadores; y ustedes de doble ánimo, purifiquen sus corazones. Aflíjanse, laméntense y lloren. Que su risa se convierta en lamento y su gozo en tristeza. Humíllense en la presencia del Señor y Él los exaltará. **Santiago 4:4-10**

En el capítulo anterior, hablamos sobre la diferencia entre vivir conforme a la sabiduría de este mundo y vivir conforme a la sabiduría del cielo. Con esa reflexión cerramos el capítulo 3 de la epístola de Santiago.

En el texto de Santiago 4:1-3, que ya vimos en una ocasión anterior, Santiago comienza explicando el origen de las guerras y los conflictos entre nosotros, y nos muestra que estos se originan en las pasiones que batallan en nuestro interior. Esos conflictos son el fruto de caminar conforme a la sabiduría terrenal, que Santiago también llama natural y diabólica, como vimos.

En los versículos siguientes, que exploraremos en este capítulo, Santiago continúa explicando el impacto de vivir de una manera contraria a como Dios nos ha instruido. Este texto puede abordarse desde dos perspectivas: una sería hablar de cómo no caminar con Dios, y la otra, centrarse en cómo debemos caminar con Dios. He decidido abordar el tema desde una perspectiva positiva, para que podamos examinar y enfocarnos en cómo hacerlo correctamente.

Santiago comienza este pasaje llamando a sus lectores "almas adúlteras". Este calificativo llama poderosamente la atención, ya que es un término muy confrontador y condenatorio, sobre todo para personas a las que Santiago llama "hermanos" en varios versículos de la carta (Stg 1:2; 2:1; 2:14; 3:1; 3:10 y 3:12) y "amados hermanos" en otros (Stg 1:16, 1:19, 2:5).

Uno de los mejores académicos del Nuevo Testamento, Douglas Moo, en su comentario sobre la carta a Santiago, explica que este calificativo de "almas adúlteras" marca el comienzo de uno de los llamados al arrepentimiento más fuertes en todo el Nuevo Testamento. Moo añade que Santiago advierte a sus lectores acerca del peligro de coquetear con el mundo y de las consecuencias que esto tiene en su relación con Dios.[30] Como hemos dicho en otras ocasiones, Dios no tolera rivales: o eres amigo de Dios y enemigo del mundo, o eres enemigo de Dios y amigo del mundo. Recuerda que Cristo nos dijo: "Si el mundo los odia, sepan que me ha odiado a Mí antes que a ustedes". El mundo no odia a la Iglesia o al cristiano que abraza sus valores; el mundo odia a quienes nos resistimos a ser moldeados por él, especialmente cuando rechazamos sus valores y, aún más, cuando denunciamos sus formas de pensamiento o estilos de vida. Las personas santificadas por la Palabra le recuerdan al mundo que Dios rechaza y condena toda forma de mundanalidad. Dios y el mundo son dos amos opuestos que exigen cosas contrarias, como indica el puritano James Manton en su comentario sobre esta carta.[31]

Cuando pensamos, hablamos y decidimos como lo hace el mundo, ese compromiso de valores no es visto por Dios como algo menor. Él

---

[30] Douglas Moo, *The Letter of James* (Grand Rapids: William B. Eerdmans Publishing Company, 2000), p. 186.
[31] Thomas Manton, *James* (Wheaton: Crossway Books, 1995), pp. 233-236.

lo llama adulterio espiritual. Nosotros no lo vemos así, porque estamos acostumbrados a ser adúlteros espirituales y, por eso, esta condición nos parece más o menos común. En ocasiones, algunos incluso se ríen de sus adulterios espirituales o incluso de los físicos.

La realidad es que muchos que se identifican como cristianos están más alineados con el reino de los hombres que con el reino de los cielos. Cada vez que nuestro deseo o motivación por las cosas de Dios disminuye, ten por seguro que nuestros deseos por los valores, placeres e intereses de este mundo han aumentado, y eso socava nuestra atracción por el reino de los cielos.

Satanás sabe cómo entusiasmarnos con los atractivos de este mundo para que, poco a poco, nuestro corazón vaya latiendo más débilmente por Dios. Así, nuestro corazón comienza a latir con más fuerza por cosas que parecen inocentes. A partir de lo aparentemente inocente, Satanás nos conduce a la irreverencia ante los ojos de Dios. Su especialidad es llevarnos de una simple mirada a la fruta prohibida, a una pequeña mordida, y de ahí, a la fatal caída. Luego, las consecuencias seguirán de manera natural.

Claramente, Santiago nos muestra que Dios condena la mundanalidad. The Free Dictionary define la mundanalidad como "el apego a las cosas de este mundo". Según este sencillo diccionario secular, cualquier persona que exhiba cierto grado de apego por las cosas de este mundo es un mundano. No nos gusta pensar así porque, para muchos, un mundano es alguien que se emborracha, consume drogas, tiene relaciones con muchas mujeres o practica cualquiera de los pecados extremos. Sin embargo, eso tal vez debería llamarse depravación. La definición de mundanalidad es el deseo, el amor y el apego a los aspectos pasajeros de este mundo temporal. El diccionario de la Real Academia Española define la palabra "mundano" como: "Dicho de una persona: inclinada a los placeres y frivolidades de la vida social".

En el texto que leímos de Santiago 4:4-10 nos encontramos varias enseñanzas, una detrás de la otra relacionadas con la forma de caminar con Dios, dejándonos ver al mismo tiempo cuál es el estilo de vida que Dios rechaza o condena. Esa es la razón por la que he titulado este capítulo, "Cómo caminar con Dios".

Siempre me ha gustado reflexionar sobre cómo se camina con Dios, después de leer la historia de Enoc en el libro de Génesis. En Génesis 5:22-24, se nos dice que Enoc caminó con Dios durante trescientos años, y de repente, Dios se lo llevó. El texto no explica cómo caminó Enoc con Dios, pero siempre me ha intrigado y motivado pensar en cómo se camina con Dios. Creo que el texto base de este capítulo contiene varias enseñanzas clave sobre cómo podemos y debemos vivir para poder caminar de la mano con nuestro Dios. Al estudiar el texto una y otra vez, se me ocurrieron varias enseñanzas que me gustaría revisar a continuación.

Enseñanza n.º 1: Caminar con Dios requiere decir adiós al mundo, a su sabiduría, a su sistema de valores y al espíritu del anticristo que lo gobierna.

> "*¡Oh almas* adúlteras! ¿No saben ustedes que la amistad del mundo es enemistad hacia Dios? Por tanto, el que quiere ser amigo del mundo, se constituye enemigo de Dios". (Stg 4:4)

Hermano, si lees la Biblia y al mismo tiempo prestas atención a cómo el mundo piensa, habla, compra, vende, negocia, educa, trabaja, se divierte y todo lo demás, es evidente que el reino de Dios en la tierra está llamado a operar bajo una cosmovisión y ética de vida diametralmente opuesta. Y esto tiene sentido que sea de esa manera, ya que Juan escribe en 1 Juan 5:19 que "el mundo entero está bajo el poder del maligno". Por consiguiente, es lógico concluir que el mundo entero opera bajo sus directrices o premisas.

Para el mundo de hoy:

- Ser libre es tener la libertad de hacer lo que quieras, independientemente de si dañas a otra persona o no.
- La felicidad es la experiencia del placer.
- Se llega a ser próspero haciendo dinero rápido y fácil.
- Las metas no tienen que ser éticas, solo consisten en los fines que te propones.
- La vida no tiene valor, y la libertad de abortar a cualquier edad del embarazo es la prueba.

- Los títulos que adquieres te dan importancia.
- El cuerpo es para ser exhibirlo.
- El sexo es para disfrutarlo libremente.
- La mentira es normal porque todos mienten.
- La pornografía es un medio de diversión.

A esa sabiduría es a la que Santiago llama diabólica, como vimos en el capítulo anterior. Cuando Santiago usa el término "almas adúlteras", al que ya aludimos, no se refiere a la fornicación como nosotros la conocemos, sino a la infidelidad espiritual, ya que nosotros estamos unidos a Cristo.[32]

La Iglesia es la esposa, y Cristo es su esposo. Dios llama a Israel "esposa infiel" por haberse apartado de Él (Jr 3:20, RVR1960). Y, en Jeremías 3:6, el profeta le expresa a la nación: "El Señor me dijo en días del rey Josías: ¿Has visto lo que hizo la infiel Israel? Ella andaba sobre todo monte alto y bajo todo árbol frondoso, y allí se prostituía...". Esta es su forma de decir que debajo de todo árbol frondoso fornicaba, como lo traducen algunas versiones; pero se refería a los altares y sacrificios ofrecidos a dioses ajenos debajo de los árboles.

Veamos cómo Dios compara la adoración de dioses paganos de la nación de Israel con el adulterio espiritual, en Ezequiel 16:25: "¡En cada esquina construiste santuarios y degradaste tu belleza! Te abriste de piernas a cualquiera que pasaba, y fornicaste sin cesar".

Así que, cuando Santiago habla de "almas adúlteras", se refiere específicamente al cristiano que se adapta o abraza las formas del mundo que el mismo Dios rechaza. Nuestros ídolos no son de madera ni de piedras; son los ídolos que llevamos en el corazón y con esos ídolos cometemos adulterio. De manera metafórica, Dios acusó a Israel de abrir las piernas debajo de cada árbol frondoso. Hoy Dios nos acusaría de lo mismo, o de abrir el corazón para albergar toda clase de ídolos.

Cuando se trata del mundo y del reino de Dios, no hay zona gris. Cristo lo dijo de esta manera: "El que no está a favor Mío, está contra Mí; y el que no recoge a Mi lado, desparrama" (Mt 12:30). Desafortunadamente,

---

[32] Daniel Doriani, *James, Reformed Expository Commentary* (Phillipsburg: PR Publishing, 2007), p. 134.

este mundo es el primer amor de muchos que se denominan cristianos. Podemos decir que no, pero nuestros hechos lo demuestran. Y cuando el reino de los cielos es nuestro "primer amor", muchas veces este mundo sigue siendo nuestro amante. Decimos amar aquello que está allá arriba, pero sin dejar de amar lo que está aquí abajo.

No olvidemos que el apóstol Juan expresó: "No amen al mundo ni las cosas que están en el mundo. Si alguien ama al mundo, el amor del Padre no está en él" (1 Jn 2:15). Juan no se está refiriendo a las formas extremas de la inmoralidad, sino a todo lo que está en el mundo.

En el texto de Santiago que estamos analizando, ya leímos: "el que quiere ser amigo del mundo, se constituye [en] enemigo de Dios".

Esa tendencia a enfocarse en lo material se ha infiltrado en la Iglesia hasta el punto que, mientras la Iglesia primitiva pedía santidad, poder de lo alto para cumplir su voluntad, y gracia para perdonar, hoy en día, la Iglesia pide comodidad en vez de santidad, poder para impresionar a muchos, y prosperidad, como si la vida consistiera en la abundancia de bienes.

La Iglesia está tan desenfocada que muchos anhelan hablar en lenguas, pero no están dispuestos a obedecer los mandatos de Dios que ya han sido traducidos a nuestra lengua. Esta generación parece más preocupada por el seguro de vida que dejará a su esposa o hijos que por el legado espiritual que podrían dejar al pasar de este mundo al siguiente.

Probablemente, si tienes hijos, en algún momento has pensado en qué dejarles. Pero me pregunto: ¿cuánto te has preocupado por el legado espiritual que dejarás detrás? ¿Has pensado en dejar una pequeña biblioteca de libros que hayas leído y dedicado a tus hijos o nietos, para que un día, al recordarte, quieran leer un libro subrayado por ti, su padre, madre, abuelo o abuela, y descubrir lo que considerabas importante?

Joel Beeke explica que aquellos que persiguen las cosas del mundo tienen como objetivo "moverse hacia adelante, en vez de moverse hacia arriba; es vivir horizontalmente, en vez de vivir verticalmente. Buscan prosperidad, en vez de santidad. Hablan de deseos egoístas, en vez de oraciones que salen del corazón. *Si no niegan a Dios, lo ignoran o lo olvidan*. O peor aún: lo usan para fines egoístas. La mundanalidad es la naturaleza humana sin Dios".[33]

Como bien señala C. J Mahaney en su libro *Worldliness*: "El mayor peligro para la iglesia evangélica en Estados Unidos, no es la persecución, sino la seducción de este mundo".[34]

Enseñanza n.º 2: Caminar con Dios requiere humildad de corazón; de lo contrario, te arriesgas a tener a Dios en tu contra:

"Pero Él da mayor gracia. Por eso dice: «Dios resiste a los soberbios, pero da gracia a los humildes". (Stg 4:6)

Observa que el texto comienza afirmando que Dios se opone a los soberbios, no que simplemente los ignora. El orgullo en nosotros puede resultar ofensivo para otras personas, pero para Dios es repulsivo. Si quieres entender cuán repulsivo es el orgullo para Dios, recuerda estos ejemplos:

- Cuando el rey Saúl, en su orgullo, ofreció sacrificios que no le estaba permitido hacer, Dios le arrebató el reino en una noche (1 S 13).
- Cuando el rey Uzías hizo lo mismo que Saúl, Dios lo castigó con lepra (2 Cr. 26).
- Cuando Nabucodonosor se enorgulleció y dijo: "¿No es esta la gran Babilonia que yo he edificado como residencia real con la fuerza de mi poder y para gloria de mi majestad?" (Dn 4), Dios lo humilló haciéndolo vivir como una bestia del campo y comer hierba durante siete años.
- Cuando el rey Herodes se enalteció como Nabucodonosor, "al instante un ángel del Señor lo hirió, por no haber dado la gloria a Dios; y Herodes murió comido de gusanos" (Hch 12:23).

---

[33] Joel Beek, *Overcoming the World: Grace to Win the Daily Battle* (P&R, 2005), p. 16, citado en *Worldliness*, ed. C. J. Mahaney (Crossway, 2008), p. 27.

[34] C. J. Mahaney y otros, *Worldliness*, editado por C. J. Mahaney (Wheaton: Crossway Books), p. 22.

Las personas orgullosas frecuentemente no escuchan a nadie, solo creen en sí mismas, piensan en sí mismas, deciden por sí mismas y para sí mismas. La realidad es que nuestro orgullo es una declaración de independencia y una afirmación de autonomía.

Dios se opone a quienes tienen un corazón orgulloso, porque el orgullo:

- Niega la soberanía de Dios.
- Toma decisiones contrarias al consejo bíblico, empañando la gloria de Dios.
- Indispone al hombre para aprender.
- Te vuelve altamente vulnerable, porque como indica el libro de Proverbios: "Delante de la destrucción *va* el orgullo, y delante de la caída, la arrogancia de espíritu" (Pr 16:18).
- Te hace sentir autosuficiente.

Santiago nos recuerda que Dios se opone a los soberbios, algo que el mismo Dios ya había declarado a través del salmista: "No toleraré al de ojos altaneros y de corazón arrogante" (Sal 101:5). En Proverbios 6:16-17 se nos dice que Dios abomina los ojos soberbios.

- ¿Cuántas veces hemos actuado con soberbia delante de Dios?
- ¿Cuántas veces hemos pensado o dicho: "Voy a hacer esto o aquello y enfrentaré las consecuencias después? Eso es soberbia.
- ¿Cuántas veces hemos desafiado su autoridad haciendo lo que sabemos que es profano a sus ojos?

En esos momentos en los que enfrentas dificultades, cuando las cosas no van como esperabas o cuando las oportunidades parecen cerrarse, puede que Dios te esté diciendo: "Esa es mi mano que está impidiendo tu avance". Es posible que Dios esté usando esas circunstancias para quebrantar tu orgullo, de modo que, a través de ese proceso, puedas ser transformado y moldeado nuevamente según su voluntad.

En cambio, Dios da gracia a los humildes, como señala Santiago 4:6b. La palabra "humildad" en el original es *tapeinofrosyne*, un término que no existía ni entre los griegos ni entre los romanos. Esto nos indica que consideraban la humildad como una virtud. Los cristianos tuvieron que acuñar una nueva palabra para referirse a esta cualidad.

Cuando el mundo pagano comenzó a usar esta nueva palabra, lo hizo de una manera despectiva, refiriéndose a personas sin nobleza, serviles o indignas. Pero desde el punto de vista cristiano, la persona humilde es aquella que se ve a sí misma como Dios la ve: indigna y sin méritos para recibir el perdón, lo que resalta la importancia de la gracia de Dios.

La persona humilde es aquella que reconoce que no tiene méritos delante de Dios, ni se considera meritoria ante los hombres. No presume de tener el derecho a ser tomada en cuenta, invitada o reconocida. Más bien, cuando es invitada, se siente sorprendida.

Andar con Dios requiere caminar con humildad, y Dios se complace en usar grandemente a esa persona humilde. Sabemos que esto es cierto porque lo leemos en la Biblia. Dios usó a Moisés de manera extraordinaria, quizás como a nadie más sobre la faz de la tierra. Pero recordemos lo que se dijo de Moisés en Números 12:3: "Moisés era un hombre muy humilde, más que cualquier otro hombre sobre la superficie de la tierra".

La persona humilde es la que mejor sabe manejar las bendiciones y privilegios del Señor. Por eso alguien dijo: "Si quieres conocer a un hombre, no le des poder, dale privilegios".

Cuando el humilde es bendecido:

- No cree que se haya ganado esas bendiciones.
- No piensa que las merecía por alguna razón especial.
- No mira a los demás con superioridad cuando es bendecido.
- No se considera más inteligente ni más sabio que los demás.

Isaías 57:15 nos enseña que el Señor habita con los de espíritu humilde y que Él se encarga de vivificar su espíritu.

Por otro lado, Miqueas 6:8 nos explica que Dios requiere tres cosas de nosotros: "...practicar la justicia, amar la misericordia, y andar humildemente con tu Dios".

A menudo citamos a Jesús por la manera humilde en que vivió entre los hombres, pero luego no hacemos nada para imitarlo. La Palabra nos manda a vestirnos de humildad (1 P 5:5), a caminar en humildad y a evitar toda falsa humildad. Cuando nos vestimos, nuestra ropa cubre nuestras zonas más íntimas. De igual manera, cuando nos vestimos de humildad verdadera, esta humildad cubre nuestras áreas más débiles de carácter. Las personas están más dispuestas a tolerar nuestras debilidades si tenemos un espíritu humilde. Lo mismo ocurre con Dios, porque su palabra dice en Santiago 4:6 y 1 Pedro 5:5 que Dios da gracia al humilde, pero se opone al orgulloso. Cuanto más conoces a Dios, mejor puedes ver el pecado que se esconde en tu corazón; y cuanto más te ves a ti mismo tal como eres, más humilde te vuelves. Las personas orgullosas, no se han visto bien en el espejo de Dios ni han examinado sus acciones recientes o de los últimos años.

Enseñanza n.º 3: Caminar con Dios requiere "organizar tu vida bajo su autoridad".

> "Por tanto, sométanse a Dios. Resistan, pues, al diablo y huirá de ustedes". (Stg 4:7)

En un solo versículo, Santiago une dos ideas: someterse a Dios y resistir al diablo. Te sometes a Dios cuando reorganizas toda tu vida de acuerdo con su ley. Cuando caminamos en contra de la ley de Dios, lo hacemos de manera insubordinada. Esta insubordinación nos vuelve vulnerables, y pronto nos convierte en una presa fácil para el enemigo. Nuestra rebeldía pone a Satanás de nuestro lado y a Dios en nuestra contra.

Santiago 4:7 nos llama a resistir al diablo. La forma más fácil y natural de hacerlo es someternos a Dios. Cuando caminamos en rebeldía contra Dios, Satanás nos ofrece una amplia variedad "buffet" de tentaciones para que elijamos según nuestra preferencia. Sin embargo, cuando nos sometemos a Dios, resistimos al diablo de manera natural. Eventualmente, Satanás se apartará, porque sabe que no tiene poder sobre alguien que está sometido a Dios.

Enseñanza n.º 4: Caminar con Dios requiere una vida de continuo arrepentimiento.

"Acérquense a Dios, y Él se acercará a ustedes. Limpien sus manos, pecadores; y ustedes de doble ánimo, purifiquen sus corazones. Aflíjanse, laméntense y lloren. Que su risa se convierta en lamento y su gozo en tristeza". (Stg 4:8-9)

En este contexto, acercarse a Dios implica alejarse de nuestros malos caminos. Cuando comenzamos a caminar en pecado, empezamos a distanciarnos de Dios y de todo lo que Él representa. Cuánto más tiempo pasamos alejados de Dios, más distorsionada se vuelve nuestra vida. Esa es la mala noticia. La buena noticia, según Santiago es que cuando decidimos acercarnos a Dios, Él también se acerca a nosotros: "Acérquense a Dios, y Él se acercará a ustedes" (v. 8). Quizá te preguntes: *¿Cómo me acerco a Dios?* Santiago responde: "Limpien sus manos, pecadores..." (v. 8), lo cual significa dejar de hacer aquello que desagrada a Dios y arrepentirse, de modo que, en lugar de caminar hacia el pecado, podamos caminar hacia Dios. Santiago no solo se refiere a confesar nuestros pecados, sino de un cambio verdadero de vida. De hecho, que aquellos que antes nos veían caminando en pecado deberían poder decir: "Te veo y no te conozco".

Santiago lo expresa claramente al final del versículo 8: "y ustedes de doble ánimo, purifiquen sus corazones".

Para Santiago, la persona de doble ánimo es aquella que afirma ser cristiana, pero vive:

- como si Dios no existiera,
- como si Dios no fuera a juzgar su pecado,
- como si Dios no fuera a reaccionar ante aquellos que manchan su nombre.

El arrepentimiento es la manera de limpiar nuestros corazones.

En esta última parte del texto, Santiago nos exhorta a tomar en serio el pecado: "Aflíjanse, laméntense y lloren. Que su risa se convierta en lamento y su gozo en tristeza" (Stg 4:9).

Douglas Moo, en su comentario sobre Santiago, señala que "la risa es frecuentemente la marca del necio en el Antiguo Testamento y en la literatura judía; es típica de la persona que se burla de vivir moralmente y lleva una vida de indolencia y placer (Pr 10:23 y Ec 7:6)".[35] En Proverbios 10:23 se dice que para el necio, practicar el mal es diversión. Jesús también advirtió sobre esto cuando dijo: "¡Ay de ustedes, los que ahora ríen! Porque se lamentarán y llorarán" (Lc 6:25b).[36]

La persona verdaderamente arrepentida se siente triste por su pecado, independientemente de si otros lo saben o no. Si pecamos y nadie se entera, y nos sentimos aliviados porque nadie lo sabe, esa es una señal de que no estamos arrepentidos. El verdadero arrepentimiento nos lleva a la tristeza y hasta al llanto por haber deshonrado a Dios, sin importar si nuestro pecado es conocido o no.

Enseñanza n.º 5: Caminar con Dios requerirá una vida de sumisión continua, voluntaria y deseosa, en lugar de una vida que deba ser forzada a someterse.

"Humíllense en la presencia del Señor y Él los exaltará". (Stg 4:10)

Santiago nos llama a humillarnos antes de que Dios tenga que humillarnos. Cuando Dios nos humilla, lo hace como una forma de atraer de nuevo a quienes han ignorado sus repetidos llamados a su presencia. Un hombre o una mujer que no se humillan no sirven para Dios. Humillarse ante Dios, e incluso ante los hombres, es un requisito para ser usados por Él. Quienes no saben humillarse abusan de la gracia de Dios, trivializan su santidad y se jactan de su capacidad para ministrar en nombre de Dios.

Para meditar

La persona que mejor ejemplifica esta actitud en el Nuevo Testamento es Jesús. Recordemos las palabras de Filipenses 2:7, que nos dice que Jesús se despojó a sí mismo, se humilló y se hizo semejante a los hombres. Finalmente, murió, y lo hizo en la muerte de cruz. En esa cruz, la segunda persona de la Trinidad, el Agente de la creación, fue

---

[35] Douglas Moo, *The Letter of James* (Grand Rapids: William B. Eerdmans Publishing Company, 2000), p. 195.
[36] Ibíd.

desnudado y clavado en un madero, pasando por la mayor vergüenza y humillación.

Santiago nos dice que quien se humilla voluntariamente, con el tiempo será exaltado. Esto fue lo que sucedió con Jesús: después de humillarse ante de Dios Padre y ante los hombres, fue exaltado hasta lo sumo (Fil 2:9). Solo cuando nos ponemos a su lado podemos darnos cuenta de cuánto nos falta para alcanzar ese estándar. Él fue y es el único digno de morir en la cruz en sustitución por nuestros pecados. Solo en Cristo está la salvación.

12

LO QUE DICES DE OTRO, DICE MUCHO DE TI

Hermanos, no hablen mal los unos de los otros. El que habla mal de un hermano o juzga a su hermano, habla mal de la ley y juzga a la ley. Pero si tú juzgas a la ley, no eres cumplidor de la ley, sino juez de ella. Solo hay un Legislador y Juez, que es poderoso para salvar y para destruir. Pero tú, ¿quién eres que juzgas a tu prójimo? **Santiago 4:11-12**

El 3 de abril de 1996, apareció un breve artículo en el periódico *Los Angeles Times* que hablaba sobre la actitud conciliadora del presidente Abraham Lincoln durante la Guerra Civil de Estados Unidos. La guerra fue entre "La Unión", en el norte, y los "Confederados", en el sur, y se libró entre 1861 y 1865. El artículo hacía referencia a una ocasión en la que una señora mayor reprendió a Lincoln por su actitud conciliadora que había tenido hacia sus adversarios del sur. La señora le dijo que con los enemigos no se concilia, sino que se les destruye. La respuesta de Lincoln, según la historia, fue: "Señora, ¿no destruyo a mis enemigos cuando los hago mis amigos?". Aunque esta frase se ha atribuido a otros personajes históricos, refleja el tipo de pacificador que fue Lincoln.

La frase "Lo que dices de otro, dice mucho de ti" es muy cierta. Por eso, encontramos a un hombre colgado en una cruz hace dos mil años, con sus enemigos a sus pies, y que, aun así, dijo en medio de su dolor agonizante: "Padre, perdónalos porque no saben lo que hacen". De igual manera, Esteban, el primer mártir de la Iglesia, mientras era apedreado, dijo: "Señor, no les tomes en cuenta este pecado" (Hch 7:60). Una vez más, lo que Esteban dijo de sus enemigos, reflejó mucho acerca de él.

Nuestro texto principal para este capítulo se encuentra en la epístola de Santiago 4:11-12. Lo que Santiago nos dice en estos versículos está relacionado con lo que nos dice en el versículo anterior (v. 10): "Humíllense en la presencia del Señor y Él los exaltará".

Santiago nos llama a humillarnos en la presencia de Dios, lo que significa vivir humildemente ante Él y los demás. No cabe duda de que la humildad es el mejor remedio para la mayoría de los problemas que afectan a las relaciones humanas, especialmente en lo relativo a nuestra forma de hablar. Como de la abundancia del corazón habla la boca, la persona humilde suele ser cuidadosa al hablar de los demás; es benevolente; no condena; busca ver lo bueno en los demás y revisa sus propios errores antes de criticar a otros (Mt 7:3). La persona humilde recuerda de dónde le sacó Dios, recuerda cómo fue perdonada y prefiere que Dios trate a los demás con gracia antes que con justicia. La humildad mencionada en el versículo 10 es contraria a lo que se nos indica en los versículos 11-12. En estos dos versículos encontramos tres lecciones:

1. La prohibición de hablar mal de los hermanos.
2. La razón por la que no debemos hacerlo.
3. Las implicaciones de hablar de mal de otros.

Dicho texto concluye con una pregunta de introspección. Es un texto breve; pero capaz de hacer sentir a cualquiera convicto de pecado, incluido quien escribe.

1. La prohibición de hablar mal de los hermanos

"Hermanos, no hablen mal los unos de los otros". (v. 11)

La frase "no hablen mal" proviene del griego *katalaleo* (*Strong* #2635), que puede traducirse como difamación o murmuración, pero también incluye otras formas de hablar pecaminosamente de otros. Los traductores al español de otras versiones han preferido el término "hablar mal", ya que es más amplio. El puritano Thomas Manton, en su comentario sobre la carta de Santiago, explica que este término puede referirse tanto a hablar mal de alguien en privado como en público. Cuando lo hacemos ante personas que tienen una opinión favorable de esa persona, estamos tratando de cambiar la opinión de los demás, lo que agrava nuestra maldad.

Además, Manton añade que este pecado del habla, que puede cometerse en privado o en público, incluye divulgar pecados secretos de otros, aumentar o agravar las faltas ajenas, calumniar las buenas acciones de otras personas al especular, en ocasiones, que tienen propósitos pecaminosos, y encubrir envidiosamente lo que es bueno en otros. Manton también señala que, si todo esto es inapropiado, no solo debes evitar hacerlo tú, sino también escuchar a otros, porque podemos pecar con el oído de la misma forma que con los labios.[37]

Otros utilizan específicamente el término griego *katalaleo*, mencionado anteriormente, para referirse a la difamación y el chisme.[38] La difamación y el chisme son primos hermanos, pero no son iguales. El chisme consiste en hablar de algo verdadero que se sabe de alguien, pero que no debería divulgarse. La Biblia condena este tipo de conversación. A veces decimos algo negativo sobre otra persona y cuando nos corrigen, respondemos: "pero es verdad". Verdad o no, la Biblia nos prohíbe chismear porque estamos creando una mala imagen del otro en la mente de quien escucha.

La difamación o murmuración, según la traducción, es cuando se inventa una historia falsa con la intención de dañar la imagen de otra persona. La Biblia condena claramente este tipo de comportamiento. Hermanos, cualquier forma de hablar que atente contra la imagen de Dios en el otro, ya sea en privado o en público, es condenada por las Escrituras.

Hablar mal de los demás te hace daño a ti mismo, ya que endurece tu corazón hacia esa persona, afecta a su imagen y también daña a quienes te escuchan, porque los predispones en su contra. Si este tipo de

---

[37] Thomas Manton, *James* (Wheaton: Crossway Books, 1995), pp. 267-270.
[38] Daniel M. Doriani, *James, Reformed Expository Commentary* (Phillipsburg: P & R Publishing, 2007), pp. 156-159.

habla se da entre cristianos, es aún más grave, porque destruyes el espíritu de unidad entre nosotros. Y si ocurre delante de personas no creyentes, estas pueden llegar a juzgar inútil la fe cristiana al escucharte hablar así. Muchas veces, la misma persona que se une a ti para hablar mal de otro es la que luego te condena cuando las circunstancias cambian o si necesita defenderse. Así es el corazón humano: el tuyo y el mío.

William MacDonald, en su comentario sobre este pasaje, sugiere que nos hagamos tres preguntas antes de hablar de otra persona:

1. ¿Qué bien le hace este comentario a la otra persona?
2. ¿Qué bien me hace este comentario que estoy a punto de hacer?
3. ¿Qué gloria le da a Dios el hecho de que yo comparta esta información?[39]

Los pecados relacionados con la lengua son de los que Santiago condena con mayor severidad en su carta. Santiago dedica gran parte del capítulo 3 a hablar en contra de los pecados de la lengua, y vuelve a tratar el tema en el capítulo 4. Santiago tenía razón en insistir, porque sabía que, "de la abundancia del corazón habla la boca". Si la transformación del corazón es la meta de la santificación, la forma en que hablamos es la prueba de esa transformación o de la corrupción del corazón.

2. La razón por la que no debemos hacerlo

"El que habla mal de un hermano o juzga a su hermano, habla mal de la ley y juzga a la ley". (Stg 4:11b)

Santiago nos dice que cada vez que hablamos mal de un hermano, estamos hablando mal de la ley, porque contradecimos la ley de Dios, que nos manda amar al prójimo y no condenarlo. Al desobedecer la ley y hacer lo que le está prohibido, nos constituimos en jueces de la ley, como si dijéramos que la ley de Dios es insuficiente o inútil. La ley de Dios nos manda a amar al prójimo; pero cuando hablamos mal de él, actuamos como si la ley no sirviera y como si estuviéramos por encima

---

[39] William MacDonald, *Believer's Bible Commentary* (Nashville: Thomas Nelson, 1995), p. 2238.

de ella. Santiago añade: "Pero si tú juzgas a la ley, no eres cumplidor de la ley, sino juez de ella" (v. 11b).

Si no cumplo la ley, entonces la estoy violando. La pregunta es, ¿cómo violamos la ley cuando hablamos mal de un hermano? La respuesta es que, al hacerlo, estamos violando la ley del amor. Veamos el veredicto de la ley:

Levítico 19:16: "No andarás de calumniador entre tu pueblo; no harás nada contra la vida de tu prójimo. Yo soy el Señor". Levítico 19:18: "...amarás a tu prójimo como a ti mismo. Yo soy el Señor".

En el Nuevo Testamento, Jesús enseñó que hay dos mandamientos que resumen toda Ley y los Profetas, Mateo 22:35-40:

1. Ama a Dios con todo tu corazón, y con toda tu alma, y con toda tu mente.
2. Ama a tu prójimo como a ti mismo.

Cuando hablamos mal de alguien, no estamos amando ni la imagen de Dios en esa persona ni a la persona misma. Más adelante surgió la figura del apóstol Pablo y nos enseñó lo mismo: que hablar mal del otro viola la ley del amor porque, como bien escribió en 1 Corintios 13:4-7:

"El amor es paciente, es bondadoso. El amor no tiene envidia; el amor no es jactancioso, no es arrogante. No se porta indecorosamente; no busca lo suyo, no se irrita, no toma en cuenta el mal *recibido*. El amor no se regocija de la injusticia, sino que se alegra con la verdad. Todo lo sufre, todo lo cree, todo lo espera, todo lo soporta".

Al hablar mal de otros, violamos la ley del amor y desobedecemos a Cristo.

3. Las implicaciones de hablar mal de otros

Santiago lo explica claramente: "Solo hay un Legislador y Juez, que es poderoso para salvar y para destruir. Pero tú, ¿quién eres que juzgas a tu prójimo?" (Stg 4:12). Este versículo nos deja ver que solo Dios es el

Juez, y ese juicio ha sido delegado a Jesús. Santiago parece decirnos: Si no eres Jesús, ¿quién eres tú que para juzgar a tu prójimo?

Cuando ese Juez, Jesús, se encarnó en hombre, enseñó lo siguiente en el Sermón del Monte en Mateo 7:1-2: "No juzguen para que no sean juzgados. Porque con el juicio con que ustedes juzguen, serán juzgados; y con la medida con que midan, se les medirá".

Estas palabras estaban dirigidas principalmente a los fariseos, quienes estaban acostumbrados a juzgar de acuerdo a las tradiciones de los hombres y conforme a la sabiduría humana, así como a aquellos que llevaban una vida más religiosa que una verdadera relación con Dios. Sin embargo, Cristo también tenía en mente a cada uno de nosotros, que hemos heredado una naturaleza pecadora y, de manera natural, hacemos juicios de valor continuamente, sin que eso nos suponga ningún esfuerzo emocional. La mayoría de las buenas acciones que hacemos, como trabajar en una oficina, predicar o enseñar, requieren un gasto considerable de energía, pero juzgar es algo que hacemos de manera tan natural como respirar. Esto es algo que debe llamarnos la atención.

Cristo quería que sus discípulos evitaran cualquier similitud con los fariseos y les enseñó a juzgar de una manera diferente: de forma justa, que es lo más difícil. Normalmente, nuestro juicio no es justo por varias razones. Permíteme mencionarte algunas:

- Nuestro entendimiento de las situaciones es imperfecto y prejuiciado.
- Nuestro conocimiento de las circunstancias es limitado; no tenemos toda la información, por lo tanto, no vemos el panorama completo.
- No conocemos las motivaciones del otro para juzgarlas.
- No sabemos qué habríamos hecho en las mismas circunstancias.

Por tanto, terminamos:

- Juzgando lo que no conocemos.
- Juzgando lo que no entendemos.
- Juzgando lo que no debemos.

Santiago nos advierte de que, cada vez que juzgamos a otros, nos hemos autoproclamado jueces sobre los demás y hemos querido usurpar el lugar de Cristo. De ahí la pregunta de Santiago: "¿Quién eres que juzgas a tu prójimo?". Lo peor de todo es que, como escribió Terry Cooper en su libro *Making Judgements Without Being Judgmental* [Emitir juicios sin ser condenador]: "lamentablemente, con frecuencia, las personas que más necesitan cuestionarse a sí mismas no lo hacen; quienes más deberían cuestionar sus opiniones no lo harán; y quienes más deberían respetar los límites de los demás, invadirán esos límites e impondrán sus opiniones, se las pidan o no".[40] Más que jueces, somos dignos de ser juzgados. No olvidemos las palabras del Maestro: "No juzguen para que no sean juzgados. Porque con el juicio con que ustedes juzguen, serán juzgados; y con la medida con que midan, se les medirá" (Mt 7:1-2). Con esto, Cristo nos muestra las consecuencias de mantener una actitud de juicio. Mi juicio determina cómo seré juzgado, tanto por los hombres como por Dios aquí en la tierra. No debemos esperar una medida de gracia de parte de Dios, ni de los hombres, que no usamos con los demás. Cuando empiezo a sentirme enjuiciado o cuando otros comienzan a enjuiciarme, muchas veces es Dios permitiendo que reciba una dosis de mi propia medicina. Después de estas palabras, Cristo agrega:

"¿Por qué miras la mota que está en el ojo de tu hermano, y no te das cuenta de la viga que está en tu propio ojo? ¿O cómo puedes decir a tu hermano: 'Déjame sacarte la mota del ojo', cuando la viga está en tu ojo? ¡Hipócrita! Saca primero la viga de tu ojo, y entonces verás con claridad para sacar la mota del ojo de tu hermano". (Mt 7:3-5)

Con esto, Cristo nos enseña que muchas veces, teniendo nosotros una falta mayor (esa es la viga), condenamos faltas menores en los demás (esa es la paja). Queremos corregir al otro cuando, en realidad, los que necesitamos ser corregidos somos nosotros. Otras veces,

---

[40] Terry Cooper, *Making Judgements Without Being Judgmental*, (Downers Goove: IVP, 2006), p. 13.

condenamos lo mismo que practicamos. Esto es más serio de lo que parece. Leamos cómo lo expresa Romanos 2:1-3:

"Por lo cual no tienes excusa, oh hombre, quienquiera que seas tú que juzgas, pues al juzgar a otro, a ti mismo te condenas, porque tú que juzgas practicas las mismas cosas. Sabemos que el juicio de Dios justamente cae sobre los que practican tales cosas. ¿Y piensas esto, oh hombre, tú que condenas a los que practican tales cosas y haces lo mismo, que escaparás del juicio de Dios?".

La viga que no nos deja ver con claridad representa aquello que persiste en nosotros y nubla nuestro entendimiento. Creo que la viga más grande que tenemos y que obstaculiza nuestra visión es el orgullo, que según Agustín es la raíz de todos los pecados. Alguien definió el orgullo como "preocupación por el yo". Otros han dicho que el orgullo tiene que ver con el yo, con lo mío y conmigo. El orgullo dice: "Tengo que ser yo; o tiene que ser conmigo; o tiene que tratarse de lo mío". El orgullo se presenta de muchas formas. A veces, se manifiesta como una sensación de superioridad en conocimientos. En este caso, el énfasis está en la frase "se siente", porque no es necesario saber más que el otro para sentirse superior. Otras veces, el orgullo se manifiesta como una superioridad moral. Debemos cuidarnos de esto especialmente los cristianos, porque, a medida que Dios nos santifica y crecemos en conocimiento doctrinal, nos vamos haciendo más vulnerables a esta sensación de superioridad moral. Sin duda, cuando Cristo habló a los fariseos, tenía esto en mente. Esto es a lo que se refiere en Mateo 23:15 cuando dijo: "¡Ay de ustedes, escribas y fariseos, hipócritas, que recorren el mar y la tierra para hacer un prosélito, y cuando llega a serlo, lo hacen hijo del infierno dos veces más que ustedes!".

Los fariseos hacían enormes esfuerzos por convertir a otros, pero luego les inculcaban un sentimiento de superioridad, haciéndoles creer que estaban por encima de los demás por su apariencia externa. Ese sentimiento de superioridad nos lleva a pensar que siempre tenemos la razón y a condenar a quienes nos juzgan, convirtiéndonos en jueces de los jueces. Ser enjuiciador me impide escuchar y aceptar el juicio que los demás puedan tener sobre mí. Juzgar es uno de los peores pecados, porque nos coloca en el lugar de Dios, quien es el único Juez de los hombres. Como bien escribió Pablo en 1 Corintios 4:5:

"Por tanto, no juzguen antes de tiempo, *sino esperen* hasta que el Señor venga, el cual sacará a la luz las cosas ocultas en las tinieblas y también pondrá de manifiesto los designios de los corazones. Entonces cada uno recibirá de parte de Dios la alabanza que le corresponda".

Cuando juzgamos las motivaciones de los demás, nuestras inseguridades nos llevan a desconfiar de los demás y, con el tiempo, nos volvemos paranoicos. Llegamos a dudar no solo de las motivaciones de los demás, sino también a pensar que nos están juzgando, y nos sentimos juzgados con frecuencia. Cuando experimentamos eso, es la mano de Dios permitiendo que seamos juzgados de la misma manera en que hemos estado juzgando. Cristo enseñaba que nuestro juicio debe ser justo y sano, no injusto y enfermizo. El autor que cité antes, Terry Cooper, nos ayuda a interpretar las palabras de Jesús en Juan 7:4: "No juzguen por la apariencia, sino juzguen con juicio justo". Normalmente, nuestro juicio está contaminado y, por tanto, es injusto, porque somos personas pecadoras, egoístas, inseguras, exigentes y llenas de autojustificaciones.

¿Cómo podemos diferenciar entre un juicio sano y uno enfermizo? Terry Cooper distingue entre el pensamiento crítico y el pensar de manera crítica o condenadora.[41]

¿Cuál es la diferencia? El pensamiento crítico es la habilidad de analizar información, discernir su valor y aplicarla correctamente. Este tipo de pensamiento debería fomentarse en la educación cristiana y secular, entrenando a las personas en el arte de discernir la información que reciben. Hoy en día, según los expertos, la educación moderna carece de este enfoque analítico y tiende más hacia la memorización o la aceptación de todas las opiniones como buenas o válidas.

---

[41] Terry Cooper, *Making Judgements Without Being Judgemental*, (Downers Goove: IVP, 2006), pp. 37-39.

Todos deberíamos desarrollar un pensamiento crítico para distinguir entre la verdad y el error. Sin embargo, lo que solemos hacer de manera natural es pensar de forma crítica en un sentido condenatorio. Este tipo de pensamiento está impulsado por las emociones: nos sentimos incómodos, irritados o incluso enojados cuando pensamos en alguien que tiene creencias diferentes, vive de manera distinta, cría a sus hijos de otra forma o nos ha herido en el pasado. Al recordar sus nombres, esos sentimientos de molestia vuelven a surgir en nosotros.

El pensamiento crítico separa la verdad del error sin involucrar las emociones. Pensar de manera condenatoria genera amargura hacia la otra persona. El autor citado indica que quien piensa de manera crítica se siente inquieto hasta que logra menospreciar al otro o verlo fracasar. La intranquilidad es una de las señales de que estamos en terreno pecaminoso.

Cooper continúa diciendo que, cuando pensamos así, nos enfocamos en lo que consideramos condenable del otro, en lugar de buscar evidencias de gracia para afirmar a la persona.

Para meditar

Cuando pensamos negativamente sobre alguien, nos intoxicamos con nuestra propia perspectiva. No se trata de qué tengamos pensamientos rígidos, sino de que los pensamientos rígidos nos dominan. En mi vida, cuando paso de tener un juicio sano a un juicio condenador, esos pensamientos de los que habla el autor me persiguen y no puedo sacarlos de mi mente. El pensamiento se vuelve omnipresente y, en ese momento, actúa como si fuera mi dios. Ese pensamiento debe morir.

Por naturaleza, somos propensos a juzgar. La actitud de juicio es algo terrible que nos persigue desde pequeños, sin que nadie nos enseñe a hacerlo. A los dos o tres años, ya condenamos a nuestros padres diciéndoles: "Eres mala o malo" simplemente porque no nos dieron lo que queríamos. Condenar a otro es algo que hacemos desde los primeros años, no solo cuando alguien está en desacuerdo con nosotros, sino cada vez que alguien no cumple nuestras expectativas. Las expectativas no cumplidas nos irritan y esa irritación nos lleva a condenar. Lo más triste es que tendemos a condenar lo mismo que nosotros practicamos.

La inclinación a juzgar nos acompaña toda la vida; la conversión no nos cura automáticamente de este mal. Ni siquiera cuarenta años en el desierto curaron al pueblo de Israel de esta enfermedad. Los cuarenta años en el desierto demostraron que el espíritu condenador es una enfermedad altamente contagiosa. Alguien dijo: "Mi mayor lucha no es sufrir el dolor de la crítica, sino asegurarme de que no se me pegue la enfermedad".[42]

---

[42] James MacDonald, *Lord Change My Attitude*, (Chicago: Moody Publishers, 2001), p. 125.

13

"SI DIOS QUIERE" NO ES UN CLICHÉ... ES UNA DECLARACIÓN TEOLÓGICA

Oigan ahora, ustedes que dicen: «Hoy o mañana iremos a tal o cual ciudad y pasaremos allá un año, haremos negocio y tendremos ganancia». Sin embargo, ustedes no saben cómo será su vida mañana. Solo son un vapor que aparece por un poco de tiempo y luego se desvanece. Más bien, debieran decir: Si el Señor quiere, viviremos y haremos esto o aquello. Pero ahora se jactan en su arrogancia. Toda jactancia semejante es mala. A aquel, pues, que sabe hacer lo bueno y no lo hace, le es pecado. **Santiago 4:13-17**

Leí un artículo titulado "Nueva Era" que tenía un subtítulo que decía: No es "Si Dios quiere", Dios siempre quiere. El autor argumentaba que no deberíamos decir "Si Dios quiere", porque eso nos coloca por debajo de otra persona. Afirmaba que debemos reconocer el poder que tienen las palabras. Luego añade: "Las palabras vibran en ti y te transmiten un mensaje que desencadena una emoción. Vibran en otras personas a las que tú influencias con lo que dices. Vibran en el Universo, y este [el universo] no entiende de bromas ni de dobles sentidos; lo que dices se queda en el espacio y causa un impacto". El autor concluye que "lo valioso es alejarnos de la idea de que las cosas suceden "si Dios quiere", porque "no estamos bajo la voluntad de Dios (o como quieran llamarle a Dios) en su vida, ya que, si Dios es amor y expansión, no nos coloca por debajo de Él, sino a su lado, co-creando cada momento de nuestra vida".[43]

Según la autora, nuestras palabras crean la realidad y nos sitúan al mismo nivel de lo que las personas llaman Dios.

Una versión de esta corriente ha infiltrado la iglesia en nuestros días, y así encontramos a muchas personas declarando y decretando realidades, creyendo que sus palabras tienen poder. Esta enseñanza es antibíblica. Desde esta perspectiva, en muchas iglesias vemos a personas que afirman creer en la Biblia, pero viven como si gobernaran sus vidas, proclamando y declarando afirmaciones que quieren ver convertidas en realidades. Para estas personas, los eventos ocurren según la medida de la fe que tienen al declarar lo que desean, y no según la voluntad de Dios. Según ellos, su voluntad y su fe determinan la realidad en la que vivirán.

Por otro lado, todos hemos escuchado la frase "Si Dios quiere" pronunciada innumerables veces, tanto en conversaciones coloquiales como formales. Creo que la mayoría la repite sin pensar en lo que realmente está diciendo; otros la utilizan de forma más cultural. En algunos países, se usa la frase "Primero Dios" en vez de "Si Dios quiere". Estas expresiones son tan comunes que muchos las repiten sin entender su verdadero significado teológico; para ellos, es solo una forma cultural de hablar. Sin embargo, las implicaciones teológicas de esta frase son profundas, al igual que sus aplicaciones.

El texto de la epístola de Santiago que analizaremos en este capítulo tiene algo que decirnos sobre esta frase y también algo que corregir de nuestra forma de pensar.

En el capítulo anterior vimos que lo que hablamos de los demás dice mucho de nosotros mismos. De alguna manera, Santiago había prestado mucha atención a cómo hablamos y se dio cuenta de que nuestra manera de expresarnos revela mucho de nuestro corazón. Santiago dedica más de la mitad del capítulo 3 de su carta al tema de la lengua y, en el capítulo 4, continúa enseñando sobre cómo no debemos hablar mal

---

[43] Marta Ro, *Mindset Coach*, "No es 'si Dios quiere', Dios siempre quiere", 2024. Disponible en: https://martaro.com.mx/no-es-si-dios-quiere-dios-siempre-quiere/Martaro.

de los demás ni juzgarlos, porque al hacerlo, hablamos mal de la ley y, en efecto, nos colocamos por encima de ella. En los versículos 11 y 12 de este cuarto capítulo, vemos que, cuando juzgamos, terminamos juzgando lo que no conocemos, lo que no entendemos y lo que no debemos.

En el texto base de este capítulo, Santiago nos advierte acerca de cómo hablamos sobre nuestro propio futuro y los planes que hacemos para el mañana. Santiago sigue centrado en nuestra forma de hablar y comienza su advertencia con estas palabras:

"Oigan ahora, ustedes que dicen…". Al parecer, Santiago había escuchado a algunos hablar de una manera que le llamó la atención. Esa forma de hablar, a la que Santiago alude y que veremos en un momento, no ha desaparecido en dos mil años porque, en esencia, el corazón humano sigue siendo el mismo.

En primer lugar, Santiago llama la atención sobre aquellos que hablan acerca de sus planes futuros con total certidumbre, a pesar de la incertidumbre de la vida:

> "Oigan ahora, ustedes que dicen: 'Hoy o mañana iremos a tal o cual ciudad y pasaremos allá un año, haremos negocio y tendremos ganancia'. Sin embargo, ustedes no saben cómo será su vida mañana. Solo son un vapor que aparece por un poco de tiempo y luego se desvanece". (Stg 4:13-14)

Fíjate en las formas verbales que aparecen en el versículo 13: "iremos, pasaremos, haremos, tendremos". Santiago pudo estar refiriéndose a comerciantes de su época, pero ese mismo tipo de lenguaje se escucha hoy en día, no solo entre negociantes, sino también entre personas que hacen planes como si supieran con toda certidumbre que se cumplirán. Hoy en día, a este tipo de pensamiento y habla se le llama "ser positivo", "ser optimista", "tener fe en que uno puede" o "creer en ti mismo" y cualquier otra frase similar. Sin embargo, Santiago prefiere llamarlo arrogancia, como veremos en el versículo 16.

Las personas que hablan de esta manera, si no creen en Dios, serían ateos intelectuales, que planifican sin tener en cuenta la voluntad de Dios. En otros casos, serían ateos prácticos, es decir, personas que toman decisiones dejando a Dios fuera de sus pensamientos o de sus planes. Cuando vivimos de esta manera, damos la impresión de que somos los capitanes de nuestro propio destino, de determinar nuestros pasos y que, por lo tanto, el futuro está en nuestras manos. Pensar de esa manera ignora la revelación de Dios en distintos pasajes de la Escritura. Desde el Antiguo Testamento, Dios ha demostrado que es Él quien determina lo que sucede, pues Él gobierna y cuida de toda su creación a través de su providencia: "Por el Señor son ordenados los pasos del hombre..." (Sal 37:23a).

Cuando Dios no ordena nuestros pasos, cosechamos las consecuencias de caminar por senderos pecaminosos, lo que nos afecta tanto a nosotros como a los demás. Cuando Adán y Eva insistieron en seguir su propia voluntad en lugar de la de Dios, arruinaron a la humanidad y al resto de la creación. Cuando David decidió hacer su voluntad e ignorar el consejo de su siervo, terminó cometiendo adulterio con Betsabé, lo que arruinó a su familia y debilitó su reino. Cuando Israel siguió su propio camino, la nación se arruinó a sí misma, lo que los llevó al exilio.

Tomar las riendas de nuestra vida en nuestras propias manos tiene un precio alto. Nuestra naturaleza funciona así: planificamos algo, y nuestros deseos comienzan a disfrutar de lo que hemos planificado, incluso antes de que nuestros sueños se hagan realidad. Comenzamos a soñar despiertos y a disfrutar mentalmente de esos sueños, sin saber si esos planes están alineados con la voluntad de Dios y, en ocasiones, incluso sabiendo que estamos violando su voluntad. Una vez que nuestras emociones han sido alimentadas por esos sueños, no queremos someternos a la voluntad de Dios. Alimentamos los deseos de la carne, asumiendo que lo que hemos planificado sucederá y que Dios bendecirá lo que deseamos. Cuando las circunstancias no ocurren como esperábamos, nos enfadamos, porque nos resistimos a aceptar que el hecho de que nuestros planes no se cumplan es, en realidad, la revelación de la voluntad de Dios. Nuestro enojo revela que, en verdad, no estábamos buscando la voluntad de Dios, sino la nuestra.

En segundo lugar, fíjate en cómo Santiago señala la insensatez de aquellos que planifican sin considerar lo impredecible que es la vida para nosotros: "Sin embargo, ustedes no saben cómo será su vida mañana"

(Stg 4:14). En Proverbios 27:1 se expresa algo similar: "No te glories del día de mañana, porque no sabes qué traerá el día". Lo cierto es que:

- Antes de que tus planes se realicen, puedes morir.
- Antes de llegar a la ciudad a la que pensabas ir, el avión puede caerse, el vuelo puede cancelarse o la ciudad puede ser destruida por un terremoto.
- Antes de que tu negocio sea un éxito, puede quebrar. O tu salud podría verse gravemente afectada.

No sabes si los hechos se harán realidad hasta que sucedan. Solo cuando suceden o no, podemos ver claramente cuál era la voluntad de Dios. Al dejar a Dios fuera de nuestros planes, actuamos como el hombre de la parábola que Jesús contó en Lucas 12:16-21.

"Entonces les contó una parábola: 'La tierra de cierto hombre rico había producido mucho. Y él pensaba dentro de sí: "¿Qué haré, ya que no tengo dónde almacenar mis cosechas?". Entonces dijo: "Esto haré: derribaré mis graneros y edificaré otros más grandes, y allí almacenaré todo mi grano y mis bienes. Y diré a mi alma: alma, tienes muchos bienes depositados para muchos años; descansa, come, bebe, diviértete". Pero Dios le dijo: "¡Necio! Esta misma noche te reclaman el alma; y ahora, ¿para quién será lo que has provisto?". Así es el que acumula tesoro para sí, y no es rico para con Dios'".

Este hombre:

- Planificó sin Dios.
- Confiaba en sus recursos para su futuro.
- Pensaba disfrutar del presente mientras llegaba el futuro: "come, bebe, diviértete".
- Pensó de manera insensata.

En las Escrituras, el necio es aquel que dice en su corazón: "No hay Dios" (Sal 14:1; 53:1). Pero también es necio aquel que se enriquece y no es rico para con Dios, según la parábola contada por Jesús (Lc 12:18-21). El hombre de la parábola pensaba que viviría muchos años, cuando en realidad le quedaban pocas horas. Santiago reflexiona sobre las personas que piensan de esta manera y, en el versículo 14b, señala: "Solo son un vapor que aparece por un poco de tiempo y luego se desvanece". Santiago nos obliga a pensar en la brevedad de la vida humana.

¿Alguna vez has estado durmiendo cerca de un lago, una laguna o en un lugar montañoso? Al amanecer, se puede ver una neblina sobre el agua o las montañas, pero a veces, en muy poco tiempo, la neblina se disipa a medida que el sol sube y calienta el aire. Santiago dice que nuestra vida es así de breve. Incluso si vives 100 años, comparado con la eternidad, eso es solo un abrir y cerrar de ojos. Además, ¿de qué sirve hacer tesoros en la tierra si no tienes tesoros en el lugar donde pasarás la mayor parte de tu existencia? Por eso Jesús concluye su parábola diciendo: "'¡Necio! Esta misma noche te reclaman el alma; y ahora, ¿para quién será lo que has provisto?'. Así es el que acumula tesoro para sí, y no es rico para con Dios" (Lc 12:20-21).

En tercer lugar, Santiago enfatiza que la voluntad de Dios es la que prevalece en todos los casos, para todas las personas, en todo momento y en todas las circunstancias: "Más bien, debieran decir: Si el Señor quiere, viviremos y haremos esto o aquello" (Stg 4:15).

Ahí está la famosa frase:

- "Si el Señor quiere", dice Santiago.
- "Si Dios quiere", decimos nosotros, aunque a menudo sin reflexionar sobre sus implicaciones.
- "Primero Dios", dicen en algunos países.

Como mencionamos, mucha gente utiliza esta frase como un cliché, pero no lo es. Es una declaración teológica con todo el peso de Dios. Las situaciones de la vida suceden si Dios quiere, o no suceden. Por tanto, la pregunta no es si vas a hacer la voluntad de Dios o no, porque lo queramos o no, terminaremos haciendo su voluntad. La verdadera pregunta es si queremos que su viento sople a nuestro favor o en nuestra contra. Observa cómo las Escrituras repiten esta enseñanza una y otra vez:

- Proverbios 19:21 (NTV): "Puedes hacer todos los planes que quieras, pero el propósito del Señor prevalecerá".
- Salmo 33:11: "El consejo del Señor permanece para siempre, Los designios de Su corazón de generación en generación".
- Isaías 46:10: "Que declaro el fin desde el principio, Y desde la antigüedad lo que no ha sido hecho. Yo digo: 'Mi propósito será establecido, Y todo lo que quiero realizaré'".

A menudo, decimos "si Dios quiere", pero luego, con nuestros hechos, demostramos que nunca deseábamos de verdad lo que confesábamos con la boca.

Reflexiona por un momento:

- Si planificas un viaje y no se realiza, ¿por qué te enfadas? La cancelación del viaje es la revelación de la voluntad de Dios.
- Si planeas estudiar en el extranjero y no obtienes una beca, ¿por qué te frustras? No conseguir la beca es la revelación de la voluntad de Dios.
- Si solicitas un trabajo y no lo consigues, ¿por qué te resientes? Esa fue la revelación de su voluntad.

Necesitamos que nuestros labios y nuestros corazones estén en armonía. No debemos decir con los labios "si Dios quiere" y luego rechazar lo que Dios ha dispuesto para nosotros. Si el corazón no desea lo que decimos con los labios, somos personas de doble ánimo y, como ya dijo Santiago en el capítulo 1, el hombre de doble ánimo no debe esperar nada de Dios.

Leamos las palabras de Pablo, un hombre de fe:

"Pero iré a verlos pronto, si el Señor quiere...". (1 Co 4:19a)

"Pues no deseo verlos ahora solo de paso, porque espero permanecer con ustedes por algún tiempo, si el Señor me lo permite". (1 Co 16:7)

"Siempre en mis oraciones, implorando que ahora, al fin, por la voluntad de Dios, logre ir a ustedes". (Ro 1:10)

Cuando Dios, en su voluntad, no quitó el aguijón de la carne de Pablo, él dijo: "Y Él me ha dicho: 'Te basta Mi gracia, pues Mi poder se perfecciona en la debilidad'. Por tanto, con muchísimo gusto me gloriaré más bien en mis debilidades, para que el poder de Cristo more en mí" (2 Co 12:9).

Cristo oró en el·Getsemaní, expresando su deseo al Padre, pero sometiéndose a su voluntad: "Apartándose de nuevo, oró por segunda vez, diciendo: 'Padre Mío, si esta *copa* no puede pasar sin que Yo la beba, hágase Tu voluntad'" (Mt 26:42).

Creo que una de las áreas donde existe más confusión en la vida de los cristianos es en torno a la voluntad de Dios. Para muchos, la voluntad de Dios es sinónimo de una vida difícil y llena de problemas, cuando en realidad los grandes problemas comienzan cuando uno está fuera de su voluntad. Estar fuera de la voluntad de Dios implica tres realidades:

1. solo puedes contar con tu voluntad pecaminosa y limitada;
2. puedes contar con el favor de la voluntad de Satanás;
3. puedes enfrentar la oposición de la voluntad de Dios.

La voluntad de Dios refleja su carácter y, por lo tanto, su bondad.

- No existe nada más perfecto que su voluntad.
- No existe nada más bondadoso que su voluntad.
- No hay nada que garantice más tu futuro que su voluntad.
- No hay nada que esté más a tu favor que su voluntad.
- No hay nada que traiga más tranquilidad a tu vida que su voluntad.

Tu lucha por que se haga tu voluntad y no la de Dios refleja que hay algo que ocupa el lugar de Dios en tu vida. Cuando no sientes paz estando en la voluntad de Dios, es porque tu carne se resiste a entregar sus deseos a tu Creador y Redentor.

La voluntad de Dios tiene que ver con la idea que Él tuvo sobre ti desde la eternidad pasada, cuando pensó en crearte en el tiempo y en el espacio. Dios te dotó de dones, talentos, oportunidades y una familia, y te colocó en el lugar donde quería que le sirvieras.

El hijo de Dios debe presentar su voluntad a su Creador y Redentor para discernir su propósito en todas las áreas de su vida. No hay una sola situación sobre la cual Dios no tenga una "opinión", y esa opinión es su voluntad perfecta.

- La Palabra es su voluntad revelada para todos (1 Ts 4:3).
- El Espíritu Santo es la guía que nos ayuda a discernir la dirección de Dios (Ro 8:14).
- Los consejeros que Dios pone en nuestra vida enriquecen nuestra sabiduría para buscar su voluntad (Pr 11:14).
- El diseño de Dios para el matrimonio, la familia y la iglesia nos ayuda a encontrar su voluntad, si seguimos ese diseño (Sal 19:7-9). Si violamos ese diseño, no debemos esperar su bendición.
- Las circunstancias nos muestran dónde está Dios y dónde no está en los procesos que vivimos. Así funciona su providencia (Lc 12:6-7).

Dios tiene una opinión sobre cada una de nuestras circunstancias y decisiones. Él es tan detallista que nos llama a realizar tareas específicas. Usó a Abraham como ganadero para cumplir su voluntad, a David como pastor y luego como rey, para llevar a cabo sus propósitos, a José como "primer ministro" de Faraón y, en su momento, al profeta Daniel como supervisor de las obras del rey Nabucodonosor.

R.C. Sproul escribió un libro muy breve titulado *¿Puedo conocer la voluntad de Dios?* En ese libro define tu llamado en la vida como "un llamado divino, una santa convocación a cumplir una tarea o responsabilidad que Dios nos ha encomendado".[44] Cada uno de esos personajes bíblicos fue llamado a una vocación específica.

Recordemos las palabras en el Salmo 32:8: "Yo te haré saber y te enseñaré el camino en que debes andar; te aconsejaré con mis ojos puestos

---

[44] R.C. Sproul, *¿Puedo conocer la voluntad de Dios?* (Bogotá: Poiema Publicaciones, 2018), p. 57.

en ti". ¿Se refiere esto solo a nuestra salvación o también a cualquier decisión que tengamos por delante en la vida? Si Dios dirige nuestra historia, entonces no hay decisiones que no debamos consultar con Él en oración, pidiendo que, por medio de su Espíritu, ilumine nuestro entendimiento para tomar las mejores decisiones. Proverbios 16:9 lo confirma: "La mente del hombre planea su camino, pero el Señor dirige sus pasos". Nosotros planeamos lo que queremos hacer, pero Dios dirige nuestros pasos en la dirección que Él cree correcta. Así, en la Palabra de Dios encontramos una clara evidencia de que, en efecto, hay una voluntad individual para cada uno de nosotros. Leamos nuevamente el Salmo 32:8: "Yo te haré saber y te enseñaré el camino en que debes andar; te aconsejaré con mis ojos puestos en ti".

En cuarto lugar, observa cómo el hombre, en vez de querer hacer lo que Dios desea para nosotros, prefiere hacer su propia voluntad sin importar las consecuencias que eso pueda traer.

"Pero ahora se jactan en su arrogancia. Toda jactancia semejante es mala". (Stg 4:16)

La NTV lo expresa así: "De lo contrario, están haciendo alarde de sus propios planes pretenciosos, y semejante jactancia es maligna". Al respecto, el puritano Thomas Manton explica que el ser humano desea hacer su voluntad pecaminosa y se jacta de ello porque: "el hombre caído no solo practica el pecado, sino que se gloria en él". El hombre peca y luego se jacta de cómo logró cometer el pecado o de cómo cree que encontrará gozo en él. El hombre caído está al revés, ama lo que debería odiar y odia lo que debería amar. Se gloría en lo que debería avergonzarlo y se avergüenza de lo que debería ser su gloria.[45]

De estos hombres, el apóstol Pablo dice: "cuyo fin es perdición, cuyo dios es su apetito y cuya gloria está en su vergüenza, los cuales piensan solo en las cosas terrenales" (Fil 3:19).

En quinto lugar, Santiago advierte a sus seguidores que conocer la voluntad de Dios no es suficiente; deben conocerla y ponerla en práctica,

---

[45] Thomas Manton, *James* (Wheaton: Crossway Books, 1995), p. 283. Traducción propia.

porque si la conoces y no la cumples, te condenas a ti mismo: "A aquel, pues, que sabe hacer lo bueno y no *lo* hace, le es pecado" (Stg 4:17).

Es curioso cómo Santiago cierra este pasaje, pues parece que no encaja del todo en el contexto, pero quizás sea un recordatorio para quienes planifican sus vidas conforme a la voluntad de Dios: que muchas veces conocemos su voluntad revelada en su palabra y no la cumplimos. A veces queremos conocer la voluntad específica para nuestras vidas cuando, en realidad, desobedecemos su voluntad general revelada para todos.

La mayoría de las veces, los creyentes no pecan porque desconocen la voluntad personal para sus vidas, sino porque, al desobedecer la voluntad general revelada en su palabra, terminan tomando malas decisiones. Esto ocurre porque queremos imponer nuestra voluntad y satisfacer nuestros deseos, aunque en nuestras conversaciones sociales repetimos la frase: "Si Dios quiere". Conocer la voluntad de Dios y no hacerla no nos ayuda; de hecho, empeora nuestra situación.

El teólogo puritano Thomas Watson señala que, cuando decimos en el Padrenuestro: "... Hágase, Señor, tu voluntad, así en la tierra como en el cielo", estamos orando por:

1. Una obediencia activa, es decir, "que podamos hacer la voluntad de Dios en lo que Él nos ordena".
2. Una obediencia pasiva, es decir, que podamos someternos pacientemente a la voluntad de Dios en lo que él nos impone [o nos pide].[46]

Para meditar

La mejor manera de cerrar este capítulo es volver a citar a Thomas Watson y sus enseñanzas acerca el Padre nuestro:

1. El gran designio de Dios en su palabra es hacernos obedientes a su voluntad.
2. El objetivo de todas las promesas de Dios es que lleguemos a cumplir su voluntad.

---

[46] Thomas Watson, *The Lord's Prayer*, versión Kindle, ubicación 2882-2948 de 6297. Publicado por primera vez como parte de *A Body of Practical Divinity*, 1692. Traducción propia.

3. Las advertencias de la Palabra de Dios tienen el propósito de alejarnos del pecado y ayudarnos a obedecer su voluntad.

4. El cuidado providencial de Dios busca que lleguemos a hacer su voluntad: las aflicciones son enviadas para llevarnos a obedecer su voluntad y las misericordias de Dios tienen como propósito que hagamos su voluntad.

5. Cuando hacemos su voluntad, demostramos nuestro amor por Cristo, quien dijo que si le amamos, obedeceremos sus mandamientos.

6. Hacer la voluntad de Dios es para nuestro propio beneficio.

7. Cumplir con la voluntad de Dios es nuestro mayor honor. Si consideramos un honor cuando un rey terrenal nos encomiende una tarea, ¡cuánto más si es el Rey de reyes!

8. Cumplir la voluntad de Dios en la tierra nos transforma y nos hace más parecidos a Cristo.

9. Cumplir la voluntad de Dios en la tierra nos trae paz, tanto en la vida como en la muerte.

10. Si reconocemos a Dios como Señor, debemos anteponer su voluntad sobre cualquier otra.

14

EL FAVORITISMO NO CUENTA CON EL FAVOR DE DIOS

Hermanos míos, no tengan su fe en nuestro glorioso Señor Jesucristo con una actitud de favoritismo. Porque si en su congregación entra un hombre con anillo de oro y vestido de ropa lujosa, y también entra un pobre con ropa sucia, y dan atención especial al que lleva la ropa lujosa, y dicen: «Siéntese aquí, en un buen lugar»; y al pobre dicen: «Tú estate allí de pie, o siéntate junto a mi estrado»; ¿acaso no han hecho distinciones entre ustedes mismos, y han venido a ser jueces con malos pensamientos? Hermanos míos amados, escuchen: ¿No escogió Dios a los pobres de este mundo para ser ricos en fe y herederos del reino que Él prometió a los que lo aman? Pero ustedes han despreciado al pobre. ¿No son los ricos los que los oprimen y personalmente los arrastran a los tribunales? ¿No blasfeman ellos el buen nombre por el cual ustedes han sido llamados? Si en verdad ustedes cumplen la ley real conforme a la Escritura: «Amarás a tu prójimo como a ti mismo», bien hacen. Pero si muestran favoritismo, cometen pecado y son hallados culpables por la ley como transgresores. Porque cualquiera que guarda toda la ley, pero falla en un punto, se ha hecho culpable de todos. Pues el que dijo: «No cometas adulterio», también dijo: «No mates». Ahora bien, si tú no cometes adulterio, pero matas, te has convertido en transgresor de la ley. Así hablen ustedes y así procedan, como los que han de ser juzgados por la ley de la libertad. Porque el juicio será sin misericordia para el que no ha mostrado misericordia. La misericordia triunfa sobre el juicio. **Santiago 2:1-13**

Esta parte de la carta de Santiago aparece en el segundo capítulo, que vimos al principio del libro. Sin embargo, omití intencionadamente ese pasaje en ese momento para tratarlo más adelante porque el énfasis de Santiago en el capítulo 2 es sobre cómo la verdadera fe debe reflejarse en nuestras vidas. Decir que creemos sin vivir lo que profesamos es igual a tener una fe muerta (Stg 2:17 y 26). A pesar de que este es el énfasis del capítulo 2, este comienza hablando en contra del favoritismo, una práctica desafortunadamente común y pecaminosa, que no debería formar parte de la vida de un cristiano. Dado que somos pecadores por naturaleza, el ser humano tiene una inclinación natural hacia este pecado, que depende del momento y de las razones. En este capítulo, Santiago analiza una práctica que podría ser entendida en una persona que no conoce a Cristo, pero que es injustificable en alguien que ha nacido de nuevo. Como enseñó Pablo a los corintios en su segunda carta, desde que conoció a Cristo, ya no juzgó a nadie según la carne (2 Co 5:16).

El favoritismo es una práctica que debería desaparecer de nuestras vidas al convertirnos, pero, lamentablemente, tiende a quedarse con nosotros. Para ilustrarlo, Santiago menciona la diferencia entre los ricos y los pobres; pero, en realidad, el favoritismo existe en todos los niveles y en todas las áreas. A veces tratamos de manera diferente a las personas por su color de piel, su nacionalidad, su género, su situación económica, su preferencia política o por muchas otras razones.

Por eso, todo lo que Santiago dice sobre este tema nos atañe a cada uno de nosotros en diversas circunstancias. Santiago comienza dirigiéndose a sus lectores, asumiendo que son hermanos en la fe, a los que llama "hermanos míos" en el versículo 1, y luego dice: "no tengan su fe en nuestro glorioso Señor Jesucristo con una actitud de favoritismo". En otras palabras, no puedes llamarte cristiano y, al mismo tiempo, practicar el favoritismo. Nuestra tendencia inmediata es pensar que no somos culpables de ese pecado, pero la verdad es que con cierta regularidad, juzgamos a aquellos que no son como nosotros y tratamos con preferencia a quienes comparten nuestros gustos y preferencias o nos hacen sentir bien. Santiago nos habla de las diferencias que los cristianos hacemos a menudo en temas donde Dios ya nos ha hablado y nos ha dado libertad.

En la iglesia de Corinto, algunos se sentían con libertad de conciencia para comer carne sacrificada a los ídolos, mientras que otros no tenían la misma convicción. Pablo les escribe para ayudarlos a convivir sin dividir la iglesia (1 Co 8). En la iglesia de Roma, se dio una situación parecida, pero un poco distinta:

"Acepten al que es débil en la fe, pero no para juzgar sus opiniones. Uno tiene fe en que puede comer de todo, pero el que es débil solo come legumbres. El que come no desprecie al que no come, y el que no come no juzgue al que come, porque Dios lo ha aceptado". (Ro 14:1-3)

Por otro lado, algunos consideraban ciertos días más sagrados que otros, mientras que otros consideraban que todos los días eran iguales:

"Uno juzga que un día es superior a otro, otro juzga iguales todos los días. Cada cual esté plenamente convencido según su propio sentir. El que guarda cierto día, para el Señor lo guarda. El que come, para el Señor come, pues da gracias a Dios; y el que no come, para el Señor se abstiene, y da gracias a Dios". (Ro 14:5-6)

Por eso, el apóstol Pablo les aconseja que no hagan diferencias entre unos y otros, sabiendo que eventualmente esto terminaría favoreciendo a algunos sobre otros. Les dice:

Versículo 10: "Pero tú, ¿por qué juzgas a tu hermano? O también, tú, ¿por qué desprecias a tu hermano? Porque todos compareceremos ante el tribunal de Dios".

Versículo 13: "Por tanto, ya no nos juzguemos los unos a los otros, sino más bien decidan esto: no poner obstáculo o piedra de tropiezo al hermano".

Menciono estos casos para ilustrar que se puede caer en favoritismo de muchas maneras. Las formas más comunes están relacionadas con el nivel económico, el color de piel, la nacionalidad y el nivel educativo. Sin embargo, las circunstancias varían de un país a otro.

Tal vez pensemos que algunas personas de nuestro entorno son poco refinadas, como se decía de los galileos en tiempos de Jesús, entre quienes Él mismo vivió. Sin embargo, no debemos olvidar que Jesús murió tanto por ellos como por nosotros. En el reino de los cielos, no habrá una sección para las personas educadas y sofisticadas del siglo xxi y otra para las personas menos instruidas y desarrolladas del siglo i. Si Jesús murió por todas las personas, lo mínimo que podemos hacer es amarlas y servirlas incondicionalmente, si queremos ser imitadores de Dios, como se nos llama en Efesios 5:1.

El favoritismo deshonra a Dios, así que no podemos decir que somos hijos de Dios y, al mismo tiempo, comportarnos como si fuéramos hijos del mundo. Veamos cómo Dios subraya repetidamente que Él no hace acepción de personas:

Deuteronomio 10:17: "Porque el Señor su Dios es Dios de dioses y Señor de señores, Dios grande, poderoso y temible que no hace acepción de personas ni acepta soborno".

Romanos 2:11: "Porque en Dios no hay acepción de personas".

Efesios 6:9: "Y ustedes, amos, hagan lo mismo con sus siervos, y dejen las amenazas, sabiendo que el Señor de ellos y de ustedes está en los cielos, y que para Él no hay acepción de personas".

Cuando Dios se mostró a Pedro en una visión en la que ya no habría distinción entre judíos y gentiles, y en la que, por lo tanto, no debía llamar inmundo lo que Dios había limpiado, esto es lo que leemos en Hechos 10:34: "Entonces Pedro respondió: Veo con claridad que Dios no muestra favoritismo". Ese es el carácter de Dios, y nosotros fuimos llamados a reflejar sus virtudes. Veamos la ilustración que usa Santiago:

"Porque si en su congregación entra un hombre con anillo de oro y vestido de ropa lujosa, y también entra un pobre con ropa sucia, y dan atención especial al que lleva la ropa lujosa, y dicen: «Siéntese aquí, en un buen lugar»; y al pobre dicen: «Tú estate allí de pie, o siéntate junto a mi estrado»;¿acaso no han hecho distinciones entre ustedes mismos, y han venido a ser jueces con malos pensamientos?" (Stg 2:1-4).

> **El favoritismo es contrario a la gracia de Dios y, por lo tanto, este pecado contradice el evangelio de Cristo, que se ofrece a personas de todo pueblo, tribu, lengua y nación.**

En el siglo I, la gente solía mostrar su estatus económico usando anillos de oro y ropa lujosa, algo que sigue ocurriendo en la actualidad. Según algunas fuentes, en la antigüedad, incluso se podían alquilar anillos para aparentar un estatus social que no se tenía. Cuando nos comportamos de esa manera, mostramos que el dinero y lo material son nuestro mayor valor en este mundo. Si Dios fuera nuestro mayor valor, no haríamos distinciones entre las personas por su estatus económico, nivel educativo, lugar de origen, color de la piel o cualquier otra cosa.

Cuando nos relacionamos con personas importantes o influyentes de la sociedad, nos sentimos importantes y sentimos que nuestra autoestima se eleva. Todavía no hemos adoptado completamente una cosmovisión bíblica. Sacamos al cristiano del mundo, pero no logramos sacar el mundo del cristiano. Lamentablemente, lo que la gente más valora son las cosas de este mundo temporal. La falta de espiritualidad en la humanidad se debe al poco interés que el ser humano muestra hacia Dios, hasta el punto de que algunos llegan incluso a odiarlo. Otros no llegan a odiar a Dios, pero ponen los intereses de este mundo temporal por encima de los de Dios. Por eso, cuando alguien acumula "tesoros" en este mundo, tendemos a favorecer a esas personas, porque poseen lo que nosotros valoramos. Olvidamos que, con frecuencia, son las personas influyentes quienes conforman el núcleo liberal de la sociedad, y este suele conducir a la sociedad al abismo.

De hecho, sabemos con absoluta seguridad que la revolución moral en la que estamos inmersos hoy ha sido financiada y apoyada por una élite intelectual y económica. Esta es la primera revolución en la historia conocida que ha sido impulsada por un grupo minoritario de personas influyentes que han ejercido presión de arriba hacia abajo. Todas las revoluciones anteriores surgieron de abajo hacia arriba, pues nacieron de la mayoría del pueblo. Esta élite liberal se considera superior al resto de nosotros y nos tacha de tener una mente estrecha.

Santiago intenta ayudar a estos hermanos a comprender cuán diferente es Dios. Una vez más, tenemos que recordar que la cruz de Cristo lo cambia todo. Pablo les recuerda a los corintios lo siguiente en 1 Co 1:26-31:

> "Pues consideren, hermanos, su llamamiento. No hubo muchos sabios conforme a la carne, ni muchos poderosos, ni muchos nobles. Sino que Dios ha escogido lo necio del mundo para avergonzar a los sabios; y Dios ha escogido lo débil del mundo para avergonzar a lo que es fuerte. También Dios ha escogido lo vil y despreciado del mundo: lo que no es, para anular lo que es, para que nadie se jacte delante de Dios. Pero por obra Suya están ustedes en Cristo Jesús, el cual se hizo para nosotros sabiduría de Dios, y justificación, santificación y redención, para que, tal como está escrito: 'El que se gloría, que se gloríe en el Señor'".

¿Notaste el énfasis que Pablo hace en este texto? Dios ha hecho su elección sin tomar en cuenta lo que el mundo valora, precisamente para que nadie se jacte delante de Dios (v. 29). En el siguiente versículo (v. 30), Pablo subraya que nadie, por importante que sea, ha contribuido a su propia salvación, y afirma: "Pero por obra Suya están ustedes en Cristo Jesús. No tenemos crédito alguno para con Dios".

Si eres más inteligente, fue Dios quien te dio la inteligencia. Si tienes más recursos, fue Dios quien te dio la capacidad de obtenerlos. Si te consideras más hermosa que otras personas, recuerda que no tiene nada que ver contigo, sino que es algo que Dios te concedió. Si tienes un color de piel y no otro, recuerda que para el reino de los cielos solo hay un color: el rojo de la sangre de Cristo.

Algo que muchos no comprenden es que al pie de la cruz todos somos iguales:

- Todos estamos destituidos de la gloria de Dios (Ro 3:23).
- Todos somos pecadores (Is 53:6).
- Todos somos indignos (Ro 3:9-18).
- Todos necesitamos la misma gracia del Señor (Ef 2:8-9).
- Todos estaríamos condenados si no fuera por la gracia de Dios (Ro 3:20-28).

El apóstol Pablo tuvo que recordar a los corintios, quienes hacían distinciones entre aquellos que decían ser de Pablo, de Cefas o de Cristo, tal como menciona en 1 Corintios 1:11-13. En el capítulo 4 de la misma carta, Pablo les escribe: "...que ninguno de ustedes se vuelva arrogante a favor del uno contra el otro. Porque ¿quién te distingue? ¿Qué tienes que no recibiste? Y si lo recibiste, ¿por qué te jactas como si no lo hubieras recibido?" (1 Co 4:7-14). El profeta Jeremías dijo lo mismo que Pablo afirmó a los corintios: si vas a gloriarte, que sea en el Señor.

En el versículo 5 del texto que estamos analizando, Santiago se dirige nuevamente a sus seguidores, pero esta vez no solo los llama "hermanos", sino "hermanos míos, amados". Con esto, Santiago muestra que, aunque el llamado de atención es severo, su intención no es humillarlos, sino corregirlos y santificarlos:

"Hermanos míos amados, escuchen: ¿No escogió Dios a los pobres de este mundo para ser ricos en fe y herederos del reino que Él prometió a los que lo aman? Pero ustedes han despreciado al pobre. ¿No son los ricos los que los oprimen y personalmente los arrastran a los tribunales?". (Stg 2:5-6)

Si la epístola de Santiago fuera el único documento que conserváramos del Nuevo Testamento, podríamos pensar que Santiago está reemplazando una discriminación por otra. A simple vista, podría parecer que Santiago condena a los ricos y exalta a los pobres, como si la pobreza diera alguna ventaja para ser elegido por Dios. Sin embargo, la palabra de Dios deja en claro que su elección es por gracia y, por lo tanto, no depende de ninguna condición humana. Al mismo tiempo, dado que las cartas del Nuevo Testamento se escribieron para abordar problemas locales o específicos, es posible que Santiago se estuviera dirigiendo a un grupo de hermanos que, dentro de la misma iglesia, daban preferencia a ciertos individuos según su estatus económico, ofreciéndoles los mejores lugares.

"Porque si en su congregación entra un hombre con anillo de oro y vestido de ropa lujosa, y también entra un pobre con ropa sucia, y dan atención especial al que lleva la ropa lujosa, y dicen: 'Siéntese aquí, en un buen lugar'; y al pobre dicen: 'Tú estate allí de pie, o siéntate junto a mi estrado'; ¿acaso no han hecho distinciones entre ustedes mismos, y han venido a ser jueces con malos pensamientos?". (Stg 2:2-4)

Es muy probable que estas situaciones estuvieran ocurriendo en esta congregación, porque Santiago acusa a los ricos de llevar a los pobres a los tribunales y de oprimirlos (v. 6).

En el versículo 7, Santiago plantea una pregunta un tanto difícil de entender: "¿No blasfeman ellos el buen nombre por el cual ustedes han sido llamados?" Aparentemente, entre ellos había un grupo de personas pudientes, quizás judíos o gentiles que de alguna manera estaban causando que el nombre de Dios fuera blasfemado. Quizás Santiago estaba diciendo: "¿Es a ese grupo de personas a quien ustedes están dando preferencia por encima de sus hermanos de escasos recursos?".

Sin embargo, esto no significa que el cristiano esté prohibido de honrar a las personas por no mostrar favoritismo. Eso no es cierto. En Romanos 13, Dios nos instruye a honrar a quien merece honra, como sería el caso de un presidente de una nación. Si el presidente asistiera a una iglesia, deberíamos honrarlo, al igual que a muchas otras personas. Pero la honra que les damos no se basa en que sean superiores, sino en la posición de autoridad que ocupan. Los hijos deben honrar a sus padres por la misma razón (quinto mandamiento), y los más jóvenes deben honrar y sujetarse a los mayores por la misma razón (1 P 5:5).

La inclinación natural de la carne es favorecer a quienes nos caen bien y nos hacen sentir bien, pero el favoritismo ha causado problemas incluso a lo largo de la historia redentora. Recordemos el favoritismo de Isaac hacia su hijo Esaú, y el de su esposa Rebeca hacia Jacob, lo que generó celos entre los dos hermanos. Rebeca incitó a su hijo favorito para que engañara a su propio esposo, Isaac, y así robarle la progenitura a Esaú. Más adelante, ese mismo Jacob, que había sido favorecido, terminó casándose con cuatro mujeres, y con ellas tuvo doce hijos. De esas esposas, Raquel era su favorita, y de sus hijos, José era el preferido. Este favoritismo provocó una gran rivalidad entre los otros once hermanos, quienes casi lo matan, aunque finalmente lo vendieron como esclavo a unos mercaderes que iban a Egipto. Este es solo un ejemplo del Antiguo Testamento.

En el Nuevo Testamento, también vemos favoritismo, incluso en la etapa temprana de la formación de la Iglesia. Recordemos lo que sucedió con las viudas. Lucas escribe en el libro de los Hechos 6:1:

> "Por aquellos días, al multiplicarse el número de los discípulos, surgió una queja de parte de los judíos helenistas en contra de los judíos nativos, porque sus viudas eran desatendidas en la distribución diaria de los alimentos".

La iglesia escogió a siete hombres llenos de sabiduría y del Espíritu Santo para resolver el problema. La falta de llenura del Espíritu es lo que nos hace actuar sin sabiduría y, por ello, terminamos valorando lo que el mundo valora y rechazando lo que Dios atesora. Santiago pasa ahora a explicar, desde una perspectiva teológica, por qué este comportamiento es pecaminoso.

> "Si en verdad ustedes cumplen la ley real conforme a la Escritura: 'AMARÁS A TU PRÓJIMO COMO A TI MISMO', bien hacen. Pero si muestran favoritismo, cometen pecado y son hallados culpables por la ley como transgresores". (Stg 2:8-9)

Cuando tratas mejor a un hermano que a otro, o cuando eres más misericordioso con un miembro del cuerpo de Cristo que con otro, estás cayendo en el pecado de parcialidad o favoritismo. Santiago cita Levítico 19:18, que citamos anteriormente, donde Dios ordena que

debemos amar a nuestro prójimo como a nosotros mismos. Esta ordenanza forma parte de la ley. Además, como hemos dicho antes, Cristo
resumió toda la ley en dos mandamientos: el primero es amar a Dios
con todo nuestro ser y por encima de todo; y el segundo es amar a
nuestro prójimo como a uno mismo. De hecho, en Gálatas 5:14, Pablo
resume toda la ley en un solo mandamiento: "...toda la ley en una palabra se cumple en el *precepto*: 'AMARÁS A TU PRÓJIMO COMO A TI MISMO'".

Cristo resumió toda la ley en un mandamiento, y Pablo enseñó lo
mismo. No hay contradicción en esto. Pablo sabía que el amor viene de
Dios y que nadie puede amar a su prójimo si no ama a Dios primero. Por
eso resumió la ley de Dios en un solo mandamiento: "Ama a tu prójimo".

"Ama" no es simplemente el infinitivo "amar" ni el sustantivo "amor",
sino un imperativo: ama. Esta forma verbal subraya una acción obliga-
toria más que un sentimiento. Nada es más apropiado para el cuerpo de
Cristo que recordar nuestra obligación de amar. Cuando recordamos
que el otro es portador de la imagen de Dios, podemos amarlo mejor. Al
mismo tiempo, estaremos menos inclinados a mostrar favoritismo entre unos y otros. Cuando mostramos favoritismo, hay algo de la imagen
de Dios en esa persona que no estamos viendo correctamente. Cristo
nunca tuvo problemas para amar y tratar a todos de manera justa. ¿Por
qué? Porque Él era la imagen misma de Dios, y todo problema surge de
una imagen defectuosa de Dios.

Cuanto más conoces a Dios, mejor puedes amarlo. ¿Por qué? Porque
"el amor es de Dios". Por lo tanto, no podemos amar verdaderamente
si no conocemos a Dios. Si tenemos una visión distorsionada de Dios,
nuestro amor por los demás siempre estará condicionado por las personas que valoramos más, sin importar la razón.

Por otro lado:

- Cuanto mejor conocemos a Dios, más pequeños nos vemos a
  nosotros mismos.
- Cuanto más pequeños nos vemos, más humildes y menos ego-
  céntricos somos, lo que nos lleva a amar más.
- Cuanto menos conocemos a Dios, más distorsionada se vuelve
  su imagen.

- Cuanto más distorsionada es la imagen de Dios, más grandes nos vemos a nosotros mismos.
- Cuanto más grandes nos vemos, peor lucen los demás.
- Cuanto peor lucen los demás, más inclinados estamos a tratarlos con favoritismo.

La razón es sencilla: nadie es como Dios. Dios ama porque Él es amor, y **como Dios es amor, no necesita que haya nada bueno o atractivo en el otro para amarlo.** Dios ha amado a su pueblo a pesar de su infidelidad. Sin embargo, el ser humano no es así. El ser humano ama cuando encuentra algo atractivo en el otro, ya sea su físico, su trato, su amabilidad, su estatus social o lo que puede hacer por él. Nadie está naturalmente inclinado a amar a las personas, a menos que estas exhiban una cualidad que nos llame la atención o nos motive, pero Dios no es así.

Dios te amó:

- En medio de tu rebeldía,
- en medio de tus prejuicios,
- en medio de tu orgullo y condena,
- cuando eras su enemigo,
- cuando no querías saber de Él,
- cuando no tenías interés en Él,
- cuando estabas muerto,
- cuando estabas débil,
- cuando estabas destituido de su gloria,
- cuando estabas lejos de su reino,
- cuando eras un necio que no sabía lo que decía,
- y cuando no lo amabas.

Para Meditar

Dios siempre nos ha tratado mejor de lo que merecemos. Haz tú lo mismo, porque hemos sido llamados a ser imitadores de Dios (Ef 5:1). Santiago nos muestra que el favoritismo no es un pecado tan sencillo como parece. Romper un solo punto de la ley nos convierte en culpables de toda la ley:

"Porque cualquiera que guarda toda la ley, pero falla en un punto, se ha hecho culpable de todos. Pues el que dijo: 'No cometas adulterio', también dijo: 'No mates'. Ahora bien, si tú no cometes adulterio, pero matas, te has convertido en transgresor de la ley". (Stg 2:10-11)

Dios se refiere a su ley como una sola unidad. La Biblia habla de la ley de Dios como un todo. Si fallamos al no amar al prójimo y darle la dignidad que merece, somos culpables no solo de violar un mandamiento, sino de quebrantar toda la ley. Esto ocurre porque, al pecar, no solo transgredimos una regla, sino que deshonramos la santidad de Dios, ignoramos lo que Él ha prohibido y mostramos una imagen distorsionada de Dios ante el mundo.

Observemos cómo Santiago cierra esta parte de su carta:

"Así hablen ustedes y así procedan, como los que han de ser juzgados por la ley de la libertad. Porque el juicio será sin misericordia para el que no ha mostrado misericordia. La misericordia triunfa sobre el juicio". (Stg 2:12-13)

En esta carta, se nos llama a hablar y actuar de manera coherente con la ley, sabiendo que seremos juzgados por ella. Aunque no somos salvos por cumplir la ley de Dios, nuestras acciones serán evaluadas de acuerdo con ella, como lo explica Santiago. Cada pecado implica una violación de la ley, y cada consecuencia que Dios impone es resultado de haberla quebrantado. Por eso, Santiago nos advierte que tengamos cuidado con lo que decimos y hacemos.

¿Recuerdas lo que enseñó Cristo? Con la vara que midas, serás medido. Ahora, Santiago dice:

"Porque el juicio *será* sin misericordia para el que no ha mostrado misericordia. La misericordia triunfa sobre el juicio". (Stg 2:13)

15

EL PODER ENGAÑOSO DE LAS RIQUEZAS TERRENALES

Pero que el hermano de condición humilde se gloríe en su alta posición, y el rico en su humillación, pues él pasará como la flor de la hierba. Porque el sol sale con calor abrasador y seca la hierba, y su flor se cae y la hermosura de su apariencia perece. Así también se marchitará el rico en medio de sus empresas. **Santiago 1:9-11**

¡Oigan ahora, ricos! Lloren y aúllen por las miserias que vienen sobre ustedes. Sus riquezas se han podrido y sus ropas están comidas de polilla. Su oro y su plata se han oxidado, su herrumbre será un testigo contra ustedes y consumirá su carne como fuego. Es en los últimos días que han acumulado tesoros. Miren, el jornal de los obreros que han segado sus campos y que ha sido retenido por ustedes, clama contra ustedes. El clamor de los segadores ha llegado a los oídos del Señor de los ejércitos. Han vivido lujosamente sobre la tierra, y han llevado una vida de placer desenfrenado. Han engordado sus corazones en el día de la matanza. Han condenado y dado muerte al justo. Él no les hace resistencia. **Santiago 5:1-6**

Al pensar en este capítulo, inicialmente consideré usar el título "El poder embriagador de las riquezas terrenales", pero al final preferí usar la palabra "engañoso", porque creo que las riquezas de este mundo primero nos engañan y luego nos embriagan. Este capítulo del libro está basado en tres versículos del capítulo uno de Santiago, que había dejado de lado intencionadamente para tratarlos junto con otra parte de la carta que trata de un tema similar y que se encuentra en Santiago 5:1-6. Por eso hago referencia a ambas citas más arriba.

Este tema está relacionado con la posesión de bienes materiales, no solo con su tenencia, sino también con cómo se adquieren y se administran. Para empezar, quiero mencionar brevemente qué fue lo que sucedió con los nueve hombres que eran considerados los más ricos del mundo en 1923, según datos históricos recientes. En aquel momento, su riqueza conjunta era mayor que la del gobierno de Estados Unidos. Veamos:

1. El presidente de la mayor empresa siderúrgica (Bethlehem Steel Corp.), Charles M. Schwab, vivió de préstamos durante cinco años antes de morir en quiebra.

2. El presidente de la mayor compañía de gas de la época, Howard Hubson, perdió la razón.

3. Uno de los mayores comerciantes de materias primas (especulador de trigo), Arthur Cutten, murió insolvente.

4. El entonces presidente de la Bolsa de Nueva York, Richard Whitney, fue enviado a prisión.

5. El miembro del gabinete del presidente de Estados Unidos, Albert Fall, fue indultado de la cárcel solo para poder regresar a casa y morir en paz.

6. El mayor "oso" de Wall Street, Jesse Livermore, se suicidó.

7. El presidente del mayor monopolio del mundo en esa época, Ivar Krueger, también se suicidó.

8. El presidente del Banco de Pagos Internacionales, Leon Fraser, se suicidó.

9. Samuel Insull, el presidente de la mayor empresa de servicios públicos, murió sin un céntimo.[47]

---

[47] Joshua Brown, "The Nine Financiers, a Parable About Power", *Forbes*, 25 de julio de 2012: https://www.forbes.com/sites/joshuabrown/2012/07/25/the-nine-financiers-a-parable-about-power/#:~:text=The%20president%20of%20the%20largest,the%20New%20York%20Stock%20Exchange%2C

Quienes han trabajado cerca de mí me han escuchado decir más de una vez que no me gusta el dinero. Créelo o no, esa es la verdad. La razón por la que no me gusta es por la forma en que el dinero afecta al corazón humano en la gran mayoría de los casos. Al decir "mayoría", está claro que no me refiero al 100 % de las personas.

La Biblia cuenta la historia de un hombre que le pidió a Dios solamente sabiduría para gobernar a su pueblo y nada más. Después de orar de esa manera, el texto de 2 Crónicas 1:11-13 dice lo siguiente:

> "Y dijo Dios a Salomón: 'Por cuanto esto estaba en tu corazón, y no has pedido riquezas, ni bienes, ni gloria, ni la vida de los que te odian, ni aun has pedido larga vida, sino que has pedido para ti sabiduría y conocimiento para poder gobernar a Mi pueblo sobre el cual te he hecho rey, sabiduría y conocimiento te han sido concedidos. También te daré riquezas y bienes y gloria, tales como no las tuvieron ninguno de los reyes que fueron antes de ti, ni los que vendrán después de ti'. Salomón salió del lugar alto que estaba en Gabaón, de la tienda de reunión, a Jerusalén, y reinó sobre Israel".

Salomón, después de pedir con piedad y recibir más sabiduría que ningún otro hombre antes o después de él, terminó de manera similar a los hombres que mencioné antes. También perdió la razón. Después de acumular grandes riquezas y formar una impresionante armada naval para la época, terminó adquiriendo mil mujeres que lo llevaron a adorar a dioses paganos. Salomón introdujo el culto al dios Moloc (1 R 11:7). A partir de ese momento, Israel aprendió a sacrificar a sus propios hijos en honor a este dios falso (Jr 32:35). Con el dinero que acumuló, Salomón compró placer, y ese placer lo insensibilizó para cometer pecados cada vez más graves ante los ojos de Dios. Leemos estas historias y pensamos que no nos sucederá lo mismo, pero el corazón de Salomón no era diferente del tuyo o del mío. Él tenía una ventaja sobre nosotros, ya que poseía una gran sabiduría. Salomón desarrolló su reino de manera extraordinaria y, desde un punto de vista humano, podría clasificarse como un hombre exitoso, lo cual suele estar relacionado con las finanzas.

En 1991, la revista *Omni* publicó un artículo sobre el "síndrome del éxito" caracterizado por tres palabras que en inglés comienzan con la letra "A" y que podrían traducirse de la siguiente manera:

- Aislamiento o sentimientos de soledad, aun estando rodeados de personas.
- Aventuras o búsqueda constante de nuevas emociones.
- Adulterio.

No por accidente, dijo Jesús: "No pueden servir a Dios y al dinero", porque siempre se termina amando a uno y odiando al otro. Todo esto nos ayudará a entender las enseñanzas de Santiago dos mil años después de que fueron escritas. Tenemos dos textos que examinar, pero los desglosaremos uno a la vez, porque aunque ambos están relacionados, el enfoque de cada uno es diferente:

"Pero que el hermano de condición humilde se gloríe en su alta posición, y el rico en su humillación, pues él pasará como la flor de la hierba. Porque el sol sale con calor abrasador y seca la hierba, y su flor se cae y la hermosura de su apariencia perece. Así también se marchitará el rico en medio de sus empresas". (Stg 1:9-11)

En este pasaje, Santiago expone una enseñanza central que gira en torno a la brevedad de la vida. Para ilustrar su punto, compara a un hombre de condición humilde con un hombre rico y nos habla de cómo ambos deberían pensar. La palabra que se traduce como "condición humilde" en el versículo 1:9 puede referirse tanto a personas materialmente pobres como a aquellas de un estatus inferior o con una actitud humilde. Sin embargo, dado el contraste con una persona rica, Santiago claramente se está refiriendo a alguien que es pobre materialmente. El contexto sugiere que ambos son hermanos en la fe. Santiago hace esta distinción porque, aunque sean creyentes, pueden pensar erróneamente y desviarse.

Santiago aconseja a ambos que se gloríen, pero de maneras diferentes. Al hermano pobre o de condición humilde, lo anima a que se gloríe en su "alta posición", refiriéndose a que, al haber depositado su fe a Cristo, este hermano puede considerarse "sentado en los lugares celestiales en Cristo Jesús". Este hermano no debe quejarse de su pobreza material, sino que debe considerar sus privilegios como persona redimida:

- Hijo de Dios (Jn 1:12-13).
- Perdonado para siempre (He 8:12).
- Protegido por la mano de Dios (Sal 121:5-8).
- Inseparable del amor de Cristo (Ro 8:35-39).
- Seguridad de la vida eterna (Jn 3:36).
- Camina hacia ser transformado a la imagen perfecta de Cristo (2 Co 3:18 y 1 Jn 3:2).
- Coheredero con Cristo y con muchos otros privilegios (Ro 8:17).

Por otro lado, Santiago le recuerda al hermano rico que no debe sentirse orgulloso de lo que tiene ni de su posición exaltada en esta vida. En cambio, la mejor actitud para este hermano es la humildad, para que se considere al mismo nivel que el hermano pobre. Recordemos que, ante Cristo, al pie de la cruz, el terreno está nivelado: "No hay judío ni griego; no hay esclavo ni libre; no hay hombre ni mujer, porque todos son uno en Cristo Jesús" (Gá 3:28). Santiago sabe que aquellos con más recursos son más propensos a sentirse orgullosos porque tienen algo de qué gloriarse. Por eso Pablo le escribe a Timoteo:

"A los ricos en este mundo, enséñales que no sean altaneros ni pongan su esperanza en la incertidumbre de las riquezas, sino en Dios, el cual nos da abundantemente todas las cosas para que las disfrutemos". (1 Ti 6:17)

A nuestra carne le atrae, lo material, los placeres de este mundo y ser superior a los demás. Sin embargo, necesitamos morir a todo eso, ya que fuimos comprados por la misma sangre y redimidos de la esclavitud del pecado. Santiago señala que el rico se marchitará en medio de sus ocupaciones o de sus logros, dependiendo de las diferentes traducciones bíblicas. Reconoce el engaño de las riquezas, algo de lo que ya se nos había advertido:

"Dos cosas te he pedido, no me las niegues antes que muera: Aleja de mí la mentira y las palabras engañosas, no me des pobreza ni riqueza; dame a comer mi porción de pan, no sea que me sacie y te niegue, y diga: ¿Quién es el SEÑOR?, o que sea menesteroso y robe, y profane el nombre de mi Dios". (Pr 30:7-9)

El autor de Proverbios reconoce que tanto la pobreza como la riqueza prueban el corazón del hombre. La carencia puede llevarte a hacer lo incorrecto, pero Dios no justifica el mal comportamiento debido a la pobreza. Más bien, debes reconocer la pobreza de tu corazón y arrepentirte. Por otro lado, la riqueza también puede llevarte a hacer lo incorrecto, porque al haber adquirido mucho y disfrutado mucho, puedes seguir queriendo más, lo que frecuentemente te lleva a olvidarte de los dos principales mandamientos de la ley de Cristo: "AMARÁS AL SEÑOR TU DIOS CON TODO TU CORAZÓN, Y CON TODA TU ALMA, Y CON TODA TU MENTE" (Mt 22:37), y el segundo: "AMARÁS A TU PRÓJIMO COMO A TI MISMO" (v. 39).

Esa es la razón por la que al principio dijimos que las riquezas terrenales engañan y embriagan al ser humano. Ninguna cantidad es suficiente. Las riquezas no son pecaminosas en sí mismas. Dios le dio a Salomón enormes riquezas y gran sabiduría; sin embargo, aun así, él se desvió del camino durante un largo tiempo. El éxito y las riquezas no son pecaminosos, pero buscarlos como objetivo principal sí lo es. Si el éxito y la abundancia han de llegar, que sea porque Dios los envía. Cuando nos jactamos de lo que tenemos, demostramos que Dios no es nuestro mayor tesoro, sin importar cuánto digamos lo contrario con nuestros labios. Cuando confiamos en lo que hemos acumulado para asegurar nuestro futuro, estamos revelando cuál es el verdadero "dios" que está moldeando nuestras vidas.

Después de dirigirse al hermano humilde y al hermano rico, Santiago explica por qué la condición social de un cristiano no debe llevarle a sentirse superior a los demás:

"... pues él pasará como la flor de la hierba. Porque el sol sale con calor abrasador y seca la hierba, y su flor se cae y la hermosura de su apariencia perece. Así también se marchitará el rico en medio de sus empresas". (Stg 1:11)

El salmista expresó algo similar en el Salmo 103:15-16:

"El hombre, como la hierba son sus días;
Como la flor del campo, así florece;
Cuando el viento pasa sobre ella, deja de ser,
Y su lugar ya no la reconoce".

La idea de Santiago y del salmista es que no debemos poner nuestra confianza en cosas tan pasajeras como las posesiones de este mundo. Todo lo que tenemos y todo lo que vemos a nuestro alrededor, pasará. Pedro nos enseña en 2 Pedro 3:10-18 que, dado que todo lo terrenal es pasajero y que el día del juicio es seguro, nuestro estilo de vida debe ser excepcionalmente santo.

Al inicio de este capítulo, mencionamos tres pasajes de la carta de Santiago que se distribuyen en dos capítulos, pero que abordan el mismo tema. El primero está en Santiago 1:9-11, y el segundo en Santiago 5:1-6, el cual analizaremos a continuación.

"¡Oigan ahora, ricos! Lloren y aúllen por las miserias que vienen sobre ustedes. Sus riquezas se han podrido y sus ropas están comidas de polilla. Su oro y su plata se han oxidado, su herrumbre será un testigo contra ustedes y consumirá su carne como fuego. Es en los últimos días que han acumulado tesoros. Miren, el jornal de los obreros que han segado sus campos y que ha sido retenido por ustedes, clama contra ustedes. El clamor de los segadores ha llegado a los oídos del Señor de los ejércitos. Han vivido lujosamente sobre la tierra, y han llevado una vida de placer desenfrenado. Han engordado sus corazones en el día de la matanza. Han condenado y dado muerte al justo. Él no les hace resistencia". (Stg 5:1-6)

Algunos elementos de este pasaje sugieren que Santiago se refiere a ricos que no poseen la fe. Por ejemplo, en el versículo cinco, Santiago menciona que han llevado una vida de placer desenfrenado. Es difícil pensar que una vida así, disfrutando del placer sin límites, sea compatible con la de un creyente. El placer desenfrenado es más propio de alguien en quien no mora el Espíritu de Dios. Sin embargo, las opiniones de los expertos están divididas casi al 50/50 sobre si Santiago se refiere a cristianos ricos o a incrédulos. Independientemente de la intención, no cabe duda de que estas son palabras duras para aquellos que han puesto su confianza en las riquezas.

En los primeros tres versículos de este pasaje, Santiago anuncia el juicio que vendrá sobre ellos, y lo hace de manera muy severa: "¡Oigan ahora, ricos! Lloren y aúllen por las miserias que vienen sobre ustedes" (Stg 5:1).

Santiago da la impresión de que no habrá oportunidad de arrepentimiento en el futuro de ellos. Su lenguaje recuerda el estilo de los profetas del Antiguo Testamento cuando denunciaban las injusticias. Luego, Santiago explica la razón del juicio: no está simplemente condenando la posesión de riquezas, sino también cómo fueron adquiridas, cómo son administradas y la confianza que se depositada en ellas.

"Sus riquezas se han podrido y sus ropas están comidas de polilla. Su oro y su plata se han oxidado, su herrumbre será un testigo contra ustedes y consumirá su carne como fuego. Es en los últimos días que han acumulado tesoros". (Stg 5:2-3)

Al parecer, estas personas ricas, en lugar de ser generosas y usar sus bienes para bendecir a otros, prefirieron acumularlos hasta el punto de que Santiago expresa que sus ropas estaban siendo comidas por polillas y que sus riquezas se habían podrido. Incluso añade: "Su oro y su plata se han oxidado...". Acumular en lugar de bendecir a otros no complace a Dios, quien juzga nuestros corazones por aferrarnos a lo material cuando otros lo necesitan. En este texto, Santiago personifica las riquezas como si pudieran atestiguar en nuestra contra. El primer testigo acusador que menciona es la herrumbre [de su oro y su plata], que será un testigo contra ustedes. Es una ilustración que nos invita a imaginar que, en el día del juicio, lo acumulado se levantará y acusará nuestra avaricia. Jesús mismo habló en contra de acumular bienes materiales:

"No acumulen para sí tesoros en la tierra, donde la polilla y la herrumbre destruyen, y donde ladrones penetran y roban; sino acumulen tesoros en el cielo, donde ni la polilla ni la herrumbre destruyen, y donde ladrones no penetran ni roban". (Mt 6:19-20)

Luego, Santiago revela la injusticia de este grupo de personas al hacer referencia a su riqueza: "Miren, el jornal de los obreros que han segado sus campos y que ha sido retenido por ustedes, clama contra ustedes". Estas personas adineradas, a quienes Santiago se dirige, habían obtenido parte de su dinero cometiendo injusticias. Llegaron al extremo de quedarse con el salario de los obreros que trabajaban para ellos. Esto podría haber sido mediante algunas de las siguientes prácticas:

- Retrasar el pago del jornal, como a veces ocurre hoy (Lv 19:13).
- Pagar menos de lo acordado (Dt 24:14-15).
- Negarse a pagar una vez completado el trabajo (Pr 11:24; Jr 22:13).

El jornal retenido clama contra ustedes, señala el versículo 4, y este es el segundo testigo que se levantará contra ellos, al cual Dios prestará atención. El salmista nos recuerda en el Salmo 69:33, que "el Señor oye a los necesitados", y en el Salmo 109:31 nos dice que Dios "está a la diestra del pobre, para salvarlo de los que juzgan su alma". Con frecuencia, el necesitado no tiene quien lo defienda, mientras que el poderoso encuentra quien lo ayude a torcer la ley. Pero Dios no pasará por alto esta ofensa: "El clamor de los segadores ha llegado a los oídos del Señor de los ejércitos" (Stg 5:4).

El pueblo hebreo clamó a Dios cuando el faraón los oprimía y los forzaba a trabajar injustamente. Cuando eso ocurrió, Dios escuchó su clamor y descendió para liberar a su pueblo a través de Moisés:

"Y el SEÑOR dijo: 'Ciertamente he visto la aflicción de Mi pueblo que está en Egipto, y he escuchado su clamor a causa de sus capataces, pues estoy consciente de sus sufrimientos. Así que he descendido para librarlos de mano de los egipcios, y para sacarlos de aquella tierra a una tierra buena y espaciosa, a una tierra que mana leche y miel...'". (Éxodo 3:7-8a)

Hasta ahora, Santiago ha mencionado tres testigos acusadores en contra de este grupo de personas:

Primer testigo: todo lo que han acumulado se está pudriendo (v. 2), en vez de usarlo antes de que se eche a perder para ayudar a otros. Una de las acusaciones contra las ciudades de Sodoma y Gomorra, mencionada por el profeta Ezequiel en 16:49, fue que "no ayudaron al pobre ni al necesitado". Tanto el placer como el dinero embriagan el corazón y lo hacen insensible al prójimo.

Segundo testigo: el salario que han retenido de manera injusta (v. 4a).

Tercer testigo: el clamor de los segadores que ha llegado a los oídos del Señor (v. 4b).

Pero Santiago aún tiene más acusaciones.

Cuarto testigo: su estilo de vida ostentoso: "Han vivido lujosamente sobre la tierra, y han llevado una vida de placer desenfrenado. Han engordado sus corazones en el día de la matanza" (Stg 5:5).

Estas personas vivían de manera lujosa mientras abusaban de los pobres con el mal pagado salario de los jornaleros. Y, si eso no fuera suficiente para condenarlos, Santiago añade que han financiado una vida de placer desenfrenado con el dinero que debían haber pagado a sus trabajadores. El placer a menudo se compra con dinero, y en este caso, Santiago parece indicar que el salario no pagado se usó para adquirir lujos y financiar su vida de placer. No olvidemos que el pecado engendra más pecado, y con ello agravamos nuestra condición ante de Dios.

Observa cómo Santiago menciona en el versículo cinco que esta gente rica ha vivido lujosamente "en la tierra". Daniel Doriani sugiere en su comentario que Santiago podría estar enfatizando que estas personas ni siquiera miran hacia arriba, pues el Señor del cielo y la tierra no les importa. Viven para ellos mismos y no para Dios.

El versículo cinco concluye diciendo que estas personas "se han dejado engordar para el día de la matanza" (NTV). Probablemente, esta es una ilustración que se refiere a aquellos animales que son engordados solo para ser sacrificados. Santiago está diciendo que estas personas disfrutan de la vida mientras van camino al juicio, como animales que van al matadero. Este grupo ha vivido de manera rebelde ante Dios, cometiendo injusticias contra los pobres y disfrutando de lujos y placeres. Aunque, como ya dijimos, probablemente estas personas adineradas eran incrédulas, no debemos olvidar que incluso Salomón vivió durante un tiempo de manera similar, rodeado de lujos y placeres.

Recordemos que la forma en que manejamos las riquezas de este mundo determinará cómo Dios derrama sus riquezas celestiales sobre sus hijos. Jesús enseñó en Lucas 16:11: "Por tanto, si no han sido fieles en el uso de las riquezas injustas, ¿quién les confiará las riquezas verdaderas?".

Quinto testigo: finalmente, Santiago menciona otra conducta de este grupo adinerado: "Han condenado y dado muerte al justo. Él no les hace resistencia" (v. 6).

Este cargo es el más grave de todos. En el peor de los casos, se trata de una acusación de homicidio. Muchos comentaristas creen que Santiago alude al hecho de que, al retener el salario de los obreros, los ricos llevaban a los pobres a una situación de pobreza extrema que podría llevarlos a la inanición y a la muerte. Santiago no solo se refiere a personas que carecían de bienes, sino también a personas inocentes, y menciona que "han condenado y dado muerte al justo". Santiago les recuerda en el versículo 6 que estaban cometiendo este abuso contra personas pobres y justas. El último calificativo que usa Santiago es: "Él no les hace resistencia...", es decir, abusaban de personas indefensas, incapaces de defenderse de sus abusos.

Para meditar

Lo que ocurría en la antigüedad sigue ocurriendo hoy en día. Las personas ricas tenían conexiones, poder e influencia, y usaban esos recursos en contra de los desprotegidos, algo que sigue sucediendo en nuestros días. El ejemplo perfecto de esto es la muerte de Jesús. Él fue quien murió sin tener dónde recostar su cabeza; es decir, murió pobre. Jesús fue el mejor ejemplo de lo que es un hombre justo. Murió sin ofrecer resistencia, y su juicio se llevó a cabo de la siguiente manera:

- Judas lo vendió por treinta monedas de plata. Ahí está el dinero.
- El Sanedrín, compuesto por setenta personas, entre ellos saduceos ricos y fariseos con autoridad e influencia, lo juzgó.
- Las autoridades romanas, con el poder legal, lo condenaron a muerte.

Las personas que planearon su muerte eran personas con dinero, influencia, conexiones, y todas ellas llevaron a cabo un juicio injusto contra alguien pobre y justo. Así ocurrió con Jesús, y así sigue sucediendo hoy.

16

PERSEVERAR BAJO EL DOLOR TIENE SU RECOMPENSA

Por tanto, hermanos, sean pacientes hasta la venida del Señor. Miren cómo el labrador espera el fruto precioso de la tierra, siendo paciente en ello hasta que recibe la lluvia temprana y la tardía. Sean también ustedes pacientes. Fortalezcan sus corazones, porque la venida del Señor está cerca. Hermanos, no se quejen unos contra otros, para que no sean juzgados. Ya el Juez está a las puertas. Hermanos, tomen como ejemplo de paciencia y aflicción a los profetas que hablaron en el nombre del Señor. Miren que tenemos por bienaventurados a los que sufrieron. Han oído de la paciencia de Job, y han visto el resultado del proceder del Señor, que el Señor es muy compasivo y misericordioso. **Santiago 5:7-11**

Cuando leemos las Escrituras, notamos que hay ciertos temas recurrentes tanto en el Antiguo como en el Nuevo Testamento. Entre esos temas están la revelación del carácter de Dios, que impregna toda la Biblia; el pecado y sus consecuencias; la necesidad de arrepentimiento y perdón; la condenación y la salvación. Podríamos elaborar una larga lista de temas similares.

En esta parte del capítulo 5, nos encontramos con otro de esos temas recurrentes. Me refiero al tema del dolor y el sufrimiento, y la necesidad de perseverar con la convicción de que no existe experiencia dolorosa que no haya sido filtrada a través de la providencia de Dios, quien la usa para llevar a cabo sus propósitos justos y bondadosos en nuestras vidas.

En el capítulo anterior, hablamos de un grupo de personas adineradas que estaban abusando de quienes tenían menos recursos. En algunos casos, les retenían injustamente el salario a los obreros. Santiago les dice a estos opresores que habían vivido en lujos, que llevaron una vida desenfrenada de placeres, que engordaron su corazón y condenaron al justo, en lugar del malhechor. Luego, Santiago aconseja a quienes sufren las consecuencias del maltrato de los poderosos, para que ellos, y también nosotros, podamos correr con paciencia la carrera que tenemos por delante, como dice el autor de Hebreos en 12:1.

A la luz del maltrato que menciona Santiago al inicio del capítulo 5, vamos a analizar el consejo que da en este pasaje a ese grupo de personas que aparentemente estaba afligido. La frase "por tanto", con la que empieza el versículo 7, nos indica que este texto continúa lo que Santiago menciona en los versículos 1 al 6, sobre el maltrato a los obreros.

En este pasaje que estamos estudiando, Santiago da tres recomendaciones con tres ilustraciones:

Recomendación n.º 1: Sean pacientes hasta la venida del Señor. Ante las aflicciones que sufrían los hermanos por el trato injusto, Santiago los llama a ejercitar la paciencia, y a nosotros también. Cuando Santiago nos pide esperar, nos da perspectiva y nos recuerda que no debemos esperar solo hasta que pase esta experiencia particular, porque siempre vendrán otras, y a veces peores. Nos llama a esperar con paciencia hasta la venida del Señor. En otras palabras, de este lado de la eternidad siempre habrá aflicción hasta que el Señor regrese o hasta que vayamos a él. Así que debemos ajustar nuestras expectativas. Este es un mundo caído, injusto e insatisfactorio, y nosotros somos personas caídas, egoístas y rebeldes, necesitadas de aflicción para cultivar un carácter humilde, manso y sabio.

Cuando la palabra nos llama a ejercitar la paciencia, no lo hace de manera general, sino que nos insta a hacerlo de una manera específica. En el Salmo 37:7 se lee: "Confía callado en el SEÑOR y espera en Él con paciencia...". El salmista nos llama a esperar y nos da tres recomendaciones:

- Confía en la soberanía y benevolencia del Señor.
- Espera callado.
- Espera con paciencia.

Estas recomendaciones son cruciales, debido a la debilidad de nuestra carne, que nos dificulta perseverar en medio de la injusticia o del dolor. El Señor tiene que prepararnos para ello, porque nuestra carne:

- es sumamente impaciente;
- no tiene otra perspectiva que no sea la terrenal;
- busca deleite inmediato, a cualquier precio, sin importar a quién se dañe, incluso a uno mismo;
- es egoísta y hedonista.
- no sabe esperar, y si hoy la deleitas, mañana querrá que la deleites también, porque nunca se satisface;
- no se regenera el día que te conviertes, y por eso, tanto antes como después de la conversión, la carne quiere comportarse como pagana;
- siempre le dice a tu mente lo que quiere hacer, pero si has nacido de nuevo, tu mente tiene que decirle a tu carne lo que debe hacer.

Aquí es donde surge el conflicto entre lo que la carne desea y lo que tu mente sabe. Pablo describe este conflicto en Romanos 7:22-23:

"Porque en el hombre interior me deleito con la ley de Dios, pero veo otra ley en los miembros de mi cuerpo que hace guerra contra la ley de mi mente, y me hace prisionero de la ley del pecado que está en mis miembros".

Cuando no estamos llenos del Espíritu, la carne gana este conflicto una y otra vez. Solo la llenura del Espíritu Santo puede resolver este conflicto entre la carne y la mente. Menciono esto porque esa misma llenura produce paciencia. En Gálatas 5:22-23 se dice: "Pero el fruto del Espíritu es amor, gozo, paz, paciencia, benignidad, bondad, fidelidad, mansedumbre, dominio propio; contra tales cosas no hay ley". La última virtud que se menciona es el dominio propio, que necesitamos para ejercitar la paciencia. Así que, la paciencia es el fruto de renunciar a uno mismo para que el Espíritu nos controle. Y cuando el Espíritu nos controla, somos pacientes, porque de lo contrario seríamos controlados por nuestras emociones, que nos hacen impacientes.

Debido a esta debilidad, necesitamos ser pacientes hasta la venida del Señor. Como dijimos antes, el Salmo 37:7 nos enseña a esperar en el Señor, y debemos hacerlo confiados y en silencio. El salmista sabe que el sufrimiento llega a nuestras vidas como parte del "currículum" del Señor, mientras Él forma su imagen en nosotros. Es el Señor quien regula el sufrimiento. Como dice una conocida ilustración: cuando el Señor nos mete en el fuego, Él no solo nos observa con cuidado, sino que controla el termostato, pues comprende bien nuestra fragilidad.

Así como Dios controla el viento, la lluvia y las fuerzas del mal, también controla el sufrimiento que llega a nosotros. Las aflicciones de nuestras vidas no son obra del azar, sino de Dios, y aunque a veces no entendemos sus razones, el salmista nos llama a confiar en su benevolencia y soberanía. El mejor barómetro de un cristiano no es la teología que dice creer, sino la confianza con la que vive. Los demonios también creen, y tiemblan (Stg 2:19), pero ellos no viven confiados. El salmista también nos llama a ser pacientes en silencio, porque nuestro Dios es el Señor de la aflicción. Cristo es el mejor ejemplo de cómo esperar en silencio; fue llevado al matadero sin abrir su boca (Is 53:7). Si Dios es quien trae o permite la aflicción en nuestras vidas, lo único que debemos hacer mientras esperamos es orar para reconocer su soberanía, pedir gracia para soportar lo que no podemos cambiar y agradecerle por su bondad. El Señor de los buenos tiempos es el Señor de los malos tiempos. Cuando el pueblo se quejó contra Moisés y Aarón, Moisés les dijo: "Sus murmuraciones no son contra nosotros, sino contra el Señor" (Éx 16:8; Nm 17:10). Si el Señor orquesta nuestras aflicciones, lo mejor es esperar en silencio y confiar en él, como dice el salmista.

Si Dios no está en control de tu dolor, entonces no es soberano, y si no es soberano, no es Dios.

El llamado a ser pacientes bajo la aflicción hasta su regreso es una invitación a la sumisión al Dios que orquesta nuestras aflicciones. Santiago ya nos había dicho en el capítulo 1 que nuestra fe es probada y que esa prueba produce paciencia. La paciencia es necesaria en el proceso de formación hasta llevarnos a la perfección. Observa cómo lo expresa en el capítulo 1:

"... sabiendo que la prueba de su fe produce paciencia, y que la paciencia tenga su perfecto resultado, para que sean perfectos y completos, sin que nada les falte". (Stg 1:3-4)

Entonces, definimos la paciencia desde el punto de vista bíblico como la capacidad de esperar las promesas de Dios bajo presiones variables, con tranquilidad y esperanza, confiando en que se cumplirán en el tiempo y a la manera de Dios.

Recomendación n.º 2: Fortalezcan sus corazones, porque la venida del Señor está cerca. Santiago nos llama ahora a fortalecer nuestros corazones, lo que es una manera de decirnos que debemos estar firmes mientras esperamos la llegada del Señor. Tenemos el llamado a permanecer firmes, con corazones fortalecidos. Fijémonos cómo la palabra nos instruye de manera repetida a mantenernos firmes.

- "Por tanto, mis amados hermanos, estén firmes" (1 Co 15:58).
- "Estén alerta, permanezcan firmes en la fe, pórtense varonilmente, sean fuertes" (1 Co 16:13).
- "...porque es en la fe que permanecen firmes" (2 Co 1:24b).
- "...por tanto, permanezcan firmes..." (Gá 5:1b).
- "...para que puedan estar firmes..." (Ef 6:11).
- "...estar firmes" (Ef 6:13).
- "Estén, pues, firmes..." (Ef 6:14).
- "...estén así firmes en el Señor..." (Fil 4:1).
- "...para que estén firmes, perfectos y completamente seguros en toda la voluntad de Dios" (Col 4:12b).
- "Así que, hermanos, estén firmes y conserven las doctrinas que les fueron enseñadas, ya de palabra, ya por carta nuestra" (2 Ts 2:15).
- "Pero resístanlo firmes en la fe..." (1 P 5:9a).

Estos versículos nos recuerdan y confirman que la manera de esperar la gloriosa venida del Señor no es de forma pasiva, sino manteniéndonos firmes. Todas estas citas bíblicas pueden agruparse en tres categorías, y decir que hemos sido llamados a estar:

- Firmes en la fe, lo que nos ayuda a esperar con confianza, como nos instruye el Salmo 37:7 que hemos leído.
- Firmes en la voluntad de Dios, lo que nos ayuda a esperar confiados, como ya hemos visto. Si creemos que las aflicciones forman parte de la voluntad de Dios, podemos fortalecer nuestros corazones y esperar, en medio del dolor, diciendo: "Que se haga tu voluntad y no la mía".
- Firmes en las doctrinas que se nos han enseñado, lo que nos ayuda a no ser engañados por el enemigo.

Esta es la manera en que la Biblia nos enseña a esperar, y es también como podemos fortalecer nuestros corazones, que es la segunda recomendación de Santiago. Esperar con la actitud correcta no solo nos da paz, sino que también brinda un testimonio piadoso a los demás. En 1 Pedro 2:12 leemos: "Mantengan entre los gentiles una conducta irreprochable, a fin de que en aquello que les calumnian como malhechores, ellos, por razón de las buenas obras de ustedes, al considerarlas, glorifiquen a Dios en el día de la visitación". Nuestro testimonio es de suma importancia para quienes nos rodean.

Santiago también nos recuerda que la venida del Señor está cerca. Recordemos que para Dios un día es como mil años y mil años como un día. Nuestro Dios vive fuera del tiempo y el espacio. Además, la Palabra de Dios enseña que el Señor puede regresar en cualquier momento; no olvidemos que nadie conoce ni el día ni la hora.

Recomendación n.º 3: "Hermanos, no se quejen unos contra otros, para que no sean juzgados. Ya el Juez está a las puertas" (Stg 5:9).

Santiago sabe que, cuando estamos esperando en medio del dolor, la tendencia humana es dudar de Dios, y en esa duda, tendemos a condenar a los demás e incluso a Dios. Recuerda que Santiago nos llama a fortalecer nuestros corazones, y no hay nada que debilite más nuestra fe, nuestros corazones y nuestra unidad que un espíritu de queja. La queja no reconoce la soberanía de Dios en el dolor y olvida las bendiciones que Dios nos ha dado en el pasado.

Si no confiamos en el Señor, apartamos la mirada de Dios y la ponemos en nosotros mismos. Y cuando dejamos de ver a Dios y empezamos a mirar al hermano, solo vemos:

- La paja en el ojo del hermano, pero no la viga en el nuestro.
- Sus debilidades, pero no nuestras propias fallas.
- Su contribución al problema, pero no la nuestra.
- Su orgullo, pero no el nuestro.
- Su falta de crecimiento espiritual, pero no nuestra carnalidad.

No podemos esperar en el Señor quejándonos de continuo. Santiago nos señala: "Hermanos, no se quejen unos contra otros, para que no sean juzgados" (Stg 5:9).

Si no mostramos gracia hacia los demás, no podemos esperar que Dios nos muestre gracia a nosotros. Iain M. Duguid, en su comentario sobre el libro de Números, dice: "A la queja nunca se le presta mucha atención como si fuera un problema en sí mismo". Y agrega: "la queja no es uno de los siete pecados capitales". Quizás debería ser el octavo, si consideramos lo que el espíritu de queja provocó en el pueblo de Israel durante los cuarenta años que estuvieron en el desierto.

Para aquellos que no están familiarizados con los siete pecados capitales, estos son: lujuria, gula, avaricia, pereza, ira, envidia y orgullo o soberbia. Esta es una lista utilizada desde la antigüedad, mencionada incluso en *La Divina Comedia* de Dante. Entre estos siete pecados no aparece la queja.

Duguid señala que "probablemente la queja no aparecería, incluso si la lista de pecados capitales se ampliara de 7 a 50. Nadie va al consejero diciendo: "¡Ayúdame! Soy adicto a quejarme". No existen reuniones de quejicas anónimos ni programas de doce pasos para curar esta condición. Esto no se debe a que no haya personas con este problema; todos nos hemos quejado en algún momento de nuestra vida. Tal vez asumimos que, como la queja es tan frecuente, no puede ser tan grave.

Se ha convertido en un pasatiempo nacional, tan arraigado que parece un derecho divino".[48]

Santiago entiende la gravedad de la queja y nos advierte en el versículo 9 del texto que estamos estudiando: "Hermanos, no se quejen unos contra otros, para que no sean juzgados. Ya el Juez está a las puertas". Cuando juzgamos a los demás, seremos juzgados, tanto por quienes nos oyen quejarnos como por Dios. Recuerda que Santiago nos manda a ser pacientes hasta la venida del Señor, y que el Salmo 37:7, que ya hemos leído, nos manda tener confianza y ejercitar nuestra fe.

La queja es una forma de incredulidad, porque no creemos como José en el libro del Génesis, quien vio sus tribulaciones como parte del plan de Dios, y nosotros debemos ver las nuestras de la misma manera. Santiago nos ofrece tres ilustraciones en el texto para ayudarnos a esperar con paciencia.

La primera ilustración tiene que ver con el labrador que espera la cosecha de la tierra:

> "Miren cómo el labrador espera el fruto precioso de la tierra, siendo paciente en ello hasta que recibe la lluvia temprana y la tardía". (Stg 5:7)

El labrador trabaja arduamente preparando el terreno, abonándolo, sembrando y esperando la lluvia temprana y la tardía. Después, disfruta del fruto de su cosecha. Esta es una ilustración perfecta de que quien espera bajo el dolor o la aflicción recibirá su recompensa. Si la tierra sembrada sabe recompensar, ¡cuánto más el Señor recompensará a sus hijos!

La segunda ilustración está relacionada con la paciencia de los profetas que padecieron aflicción, a pesar de que hablaron en nombre del Señor:

> "Hermanos, tomen como ejemplo de paciencia y aflicción a los profetas que hablaron en el nombre del Señor". (Stg 5:10)

---

[48] Iain M. Duguid, *Numbers* (Wheaton: Crossway Books, 2006), p. 147. Traducción propia.

En esta segunda ilustración, Santiago une tres elementos: la paciencia de los profetas, el hecho de que hablaron en nombre del Señor y la aflicción que sufrieron. Santiago resalta que aunque estos hombres hablaron en nombre de Dios, esto no los libró de la aflicción en este mundo. De hecho, el ser voceros de Dios garantizó su sufrimiento. Como bien escribió Pablo en 2 Timoteo 3:12: "Y en verdad, todos los que quieren vivir piadosamente en Cristo Jesús, serán perseguidos". Recordemos la historia de Esteban, relatada en Hechos 7, cuando confrontó a los líderes del pueblo judío:

"¿A cuál de los profetas no persiguieron sus padres? Ellos mataron a los que antes habían anunciado la venida del Justo, del cual ahora ustedes se hicieron traidores y asesinos...". (Hch 7:52)

Al final de su discurso, Esteban fue apedreado. Lo cierto es que vivir una vida justa no garantiza una vida sin problemas. Si miramos al pasado, aquellos que vivieron justamente fueron tratados de las peores maneras:

* José fue vendido por sus hermanos.
* Moisés fue criticado, incluso por su hermano Aarón y su hermana Miriam.
* Daniel fue echado en un foso con leones.
* Sus tres amigos fueron echados dentro de un horno de fuego.
* Se pidió a Oseas que se casara con una prostituta para simbolizar los adulterios de Israel.
* En el caso de Ezequiel, Dios le quitó la vida a su esposa como señal de la destrucción que vendría sobre el templo de Israel.
* Y el mejor de todos, Jesús fue clavado en un madero.

Al leer la Biblia, parece que los mejores siervos de Dios enfrentaron las peores experiencias. Cuanto mayores son las bendiciones de Dios sobre sus hijos, mayor parece ser su participación en los sufrimientos. Seguir a Dios como Él manda es unirse a una larga lista de personas que han sufrido el vituperio de los demás. Pero Santiago está enfatizando la paciencia que los profetas mostraron, incluso en medio de la aflicción.

La tercera ilustración está relacionada con la paciencia de Job:

> "Miren que tenemos por bienaventurados a los que sufrieron. Han oído de la paciencia de Job, y han visto el resultado del proceder del Señor, que el Señor es muy compasivo y misericordioso". (Stg 5:11)

Como sabemos, Job lo perdió todo: sus bienes; sus diez hijos; el apoyo de su esposa, que lo incitó a maldecir a Dios; el respaldo de sus tres amigos más cercanos, quienes lo acusaban de haber pecado; y hasta su salud. A pesar de todo esto, Job se negó a maldecir a Dios y soportó con paciencia sus sufrimientos. Aunque Job se quejó ante Dios porque no entendía lo que sucedía, nunca perdió su fe. En Job 19:25-26, dice:

> "Yo sé que mi Redentor vive,
> Y al final se levantará sobre el polvo.
> Y después de deshecha mi piel,
> Aun en mi carne veré a Dios...".

La paciencia de Job estaba profundamente ligada a su confianza en Dios. Es imposible esperar pacientemente en medio del dolor y la tribulación si no se tiene una gran confianza en Dios. Si conoces a Dios, estarás dispuesto a esperar en Él. Santiago cierra este pasaje señalando que al final, Dios mostró a Job su compasión y misericordia. Así es nuestro Dios: digno de nuestra absoluta confianza. Si esperamos en Él, confiando en Él, puedes estar seguro de que llegará el momento en que recibirás su recompensa. Esto es precisamente lo que Jesús enseñó en el Sermón del Monte, como leemos en Mateo 5:11-12,

> "Bienaventurados serán cuando los insulten y persigan, y digan todo género de mal contra ustedes falsamente, por causa de Mí. Regocíjense y alégrense, porque la recompensa de ustedes en los cielos es grande, porque así persiguieron a los profetas que fueron antes que ustedes".

El Señor ha prometido recompensar a sus fieles:

- "El Señor recompensa a los que lo buscan" (He 11:6).
- En Colosenses 3:23, se nos recuerda que quienes sirven a otros, y lo hacen como al Señor, recibirán su recompensa.
- En Marcos 10:29-30, Jesús dijo: "En verdad les digo, que no hay nadie que haya dejado casa, o hermanos, o hermanas, o madre, o padre, o hijos o tierras por causa de Mí y por causa del evangelio, que no reciba cien veces más ahora en este tiempo: casas, y hermanos, y hermanas, y madres, e hijos, y tierras junto con persecuciones; y en el siglo venidero, la vida eterna".

Al igual que Job, tal vez nunca entendamos las razones de nuestra aflicción, pero no debemos olvidar lo que escribió Warren Wiersbe: "El pueblo de Dios no vive de explicaciones, sino de promesas".[49]

Leon Morris hace esta observación sobre el sufrimiento:

"El Nuevo Testamento no ve el sufrimiento de la misma manera que la mayoría de las personas modernas. Para nosotros, el sufrimiento es algo negativo, que debe ser evitado a toda costa. Sin embargo, aunque el Nuevo Testamento reconoce este aspecto del sufrimiento, también muestra que, en la providencia de Dios, el sufrimiento es frecuentemente un instrumento para cumplir sus propósitos eternos. El sufrimiento desarrolla cualidades de carácter en quienes lo padecen y nos enseña lecciones valiosas. Para el creyente, el sufrimiento no es algo que se pueda evitar, sino que está predestinado (1 Ts 3:3)".[50]

No olvides: "Dios tiene un solo Hijo sin pecado, pero ninguno sin sufrimiento", una cita atribuida a Agustín de Hipona.

---

[49] Warren Wiersbe, *The Bible Exposition Commentary* (Wheaton: Victor Books, 1989), 2 Corintios, Capítulo 12.
[50] Leon Morris, *The First and Second Epistles to the Thessalonians*, *The New International Commentary on The New Testament* (Grand Rapids: Williams B. Eerdmans Publishing Company, 1989), pp. 197-198.

Cristo sufrió como nadie más; pero será recompensado como ningún otro: ante su nombre se doblará toda rodilla y toda lengua confesará que Jesús es Señor, para la gloria de Dios Padre.

17

CONCLUSIÓN: GRACIA Y VERDAD, EL LLAMADO DEL CRISTIANO

Y sobre todo, hermanos míos, no juren, ni por el cielo, ni por la tierra, ni con ningún otro juramento. Antes bien, sea el sí de ustedes, sí, y su no, no, para que no caigan bajo juicio. Hermanos míos, si alguien de entre ustedes se extravía de la verdad y alguien le hace volver, sepa que el que hace volver a un pecador del error de su camino salvará su alma de muerte, y cubrirá multitud de pecados. **Santiago 5:12, 19-20**

En el capítulo siete de este libro, revisamos la sección de la carta de Santiago 5:13-18, ya que queríamos abordar esa enseñanza acerca de la oración justo después del capítulo seis, donde hablamos sobre cómo la condición de nuestro corazón afecta nuestra vida de oración. Por eso, al llegar al final, los únicos versículos que nos faltan por tratar en esta carta son el 5:12 y los versículos 5:19-20, los cuales examinaremos en este último capítulo.

Estudiar a fondo la carta de Santiago ha sido un viaje que nos ha permitido iluminar áreas oscuras, a recordar principios que ya sabíamos, pero habíamos olvidado, a corregir comportamientos que no van con alguien que se llama hijo de Dios, a reafirmar creencias o doctrinas que, con el tiempo, se debilitaron, y a recordarnos que lo que decimos creer no solo debe estar en nuestra mente o en nuestros labios, sino que también debe vivirse. De lo contrario, nuestras propias palabras nos condenarán. Por eso, este libro se titula *¿Crees la Biblia o vives la Biblia?*

Para muchos de nosotros, no es un secreto que, cuando el evangelista Juan describió la encarnación de Cristo, presentó a Jesús como el Verbo que se hizo carne y vino lleno de gracia y verdad. Dado que estamos llamados a ser conformados a la imagen de Cristo, también se nos llama a vivir en la verdad y la gracia de Dios, reflejando esas dos cualidades en los demás.

Santiago 5:12 contiene una verdad que, a primera vista, no parece conectar ni con los versículos anteriores ni con los que siguen después. Los versículos anteriores hablan sobre la recompensa de la perseverancia en el dolor, mientras que los siguientes se centran en la oración. Por tanto, el versículo 12 parece abordar un tema independiente, sin conexión obvia. Sin embargo, como veremos, es un tema fundamental.

Santiago inicia el versículo con las palabras, "sobre todo", lo cual no es insignificante, especialmente cuando pensamos en todos los temas importantes que ya ha tratado en su carta. Parece que Santiago es consciente de que está por concluir su carta y de que aún quedaba un asunto crucial por tratar. En realidad, el tema principal de la carta de Santiago tiene que ver con vivir una vida de integridad y sabiduría. En cuanto a la integridad, nos llama a no ser personas de doble ánimo, como menciona en 1:8 y 4:8. Según Santiago, quien tiene doble ánimo o lleva una vida de duplicidad no debería esperar recibir nada de Dios. Al mismo tiempo, en el capítulo 1 nos recuerda que "si a alguno de ustedes le falta sabiduría, que se la pida a Dios, quien da a todos abundantemente". Esa sabiduría es esencial para hacer frente a los desafíos de la vida.

Más adelante en 3:17, Santiago nos exhorta a depender de la sabiduría que viene de lo alto y no de la sabiduría terrenal, que describe como "terrenal, natural y diabólica". Todo lo que nos ha dicho hasta ahora nos ayuda a evitar llevar una vida de duplicidad. Desde esta perspectiva, tiene sentido que, antes de terminar, Santiago nos advierta:

"Y sobre todo, hermanos míos, no juren, ni por el cielo, ni por la tierra, ni con ningún otro juramento. Antes bien, sea el sí de ustedes, sí, y su no, no, para que no caigan bajo juicio". (Stg 5:12)

A primera vista, podría parecer que Santiago nos está prohibiendo jurar, pero al examinar el contexto más amplio de la palabra, encontramos que este versículo tiene más profundidad de lo que parece a primera lectura. En realidad, Santiago se basa en una enseñanza que Cristo ya había dado en el Sermón del Monte, una enseñanza casi idéntica a la que Santiago repite aquí. Y obviamente, el Señor Jesucristo no podía contradecir la revelación anterior, ya que ambos Testamentos fueron dados por el mismo Dios. Veamos las enseñanzas de Cristo en Mateo 5:33-37:

"También han oído que se dijo a los antepasados: 'NO JURARÁS FALSAMENTE, SINO QUE CUMPLIRÁS TUS JURAMENTOS AL SEÑOR'. Pero Yo les digo: no juren de ninguna manera; ni por el cielo, porque es el trono de Dios (ver Sal 123:1) ni por la tierra, porque es el estrado de Sus pies (ver Is 66:1); ni por Jerusalén, porque es LA CIUDAD DEL GRAN REY (ver Isaías 60:14). Ni jurarás por tu cabeza, porque no puedes hacer blanco o negro ni un solo cabello. Antes bien, sea el hablar de ustedes: 'Sí, sí' o 'No, no'; porque lo que es más de esto, procede del mal".

Jesús estaba corrigiendo una mala práctica de su tiempo y Santiago parece estar haciendo lo mismo. Los judíos, para evitar usar el nombre de Dios en vano, comenzaron a jurar por otras cosas. De ahí que Jesús enseñara que no se jurara:

- ni por el cielo,
- ni por la tierra,
- ni por Jerusalén,
- ni por tu cabeza.

Santiago está de acuerdo con su medio hermano Jesús en que necesitamos recordar hoy algo que él también enseñaba. Dan McCartney, un académico del Nuevo Testamento, lo resume bien al decir que: "el énfasis de este versículo es claro: un creyente debería tener tanta integridad en su palabra, que los juramentos sean completamente innecesarios".[51] El texto nos enseña que nuestro sí debe ser sí, y nuestro no, no. En otras palabras: siempre debemos decir la verdad, no solo cuando estamos bajo juramento, y siempre debemos cumplir nuestras promesas, no solo las que hacemos bajo juramento".[52]

Es importante señalar que Santiago no prohíbe los juramentos de manera absoluta, ya que Dios permitió jurar en el Antiguo Testamento en determinadas circunstancias. Sabemos que la Palabra de Dios no se contradice. Por lo tanto, debemos entender qué era lo que Jesús y Santiago querían transmitirnos en este contexto. Es necesario comprender el tema de los juramentos de manera más amplia.

Dios reguló los juramentos en la Ley de Moisés. En Deuteronomio 10:20 se nos dice: "Temerás al SEÑOR tu Dios; le servirás, te allegarás a Él y *solo* en Su nombre jurarás". Existía una ordenanza que obligaba a jurar solo en el nombre de Dios. Recuerda que los juramentos se hacían en presencia de testigos, como ocurre, por ejemplo, en una boda. En el mejor de los casos, los testigos deben tener cierta autoridad moral para exigir el cumplimiento de lo jurado. Y, en el peor de los casos, si la persona no cumple con lo jurado, los testigos pueden atestiguar que esa persona, o personas, se habían comprometido, bajo juramento, a cumplir ciertas estipulaciones.

La única persona por la que se debería jurar es Dios, porque él es el único testigo universal. No solo escucha lo que decimos, sino que también conoce nuestros pensamientos y conciencia cuando hacemos un juramento. Dios es el único que puede pedir cuentas a todos. Otro pasaje que muestra que Dios no estaba en contra de los juramentos es Deuteronomio 23:21-23, que dice:

"Cuando hagas un voto al Señor tu Dios, no tardarás en pagarlo, porque el Señor tu Dios ciertamente te lo reclamará, y sería pecado en ti si no lo cumples. Sin embargo, si te abstienes de hacer un voto, no sería pecado en ti. Lo que salga de tus labios, cuidarás de cumplirlo, tal como voluntariamente has hecho voto al Señor tu Dios, lo cual has prometido con tu boca".

---

[51] Dan G. McCartney, *James* (Grand Rapids: Baker Academic, 2009), p. 245.
[52] Ibíd.

Dios toma los juramentos muy en serio, porque cuando juramos hay dos posibilidades:

1. O juramos en su nombre, y al no cumplirlo, violamos la integridad de su nombre, vaciándolo de su contenido. Esto es a lo que se refiere el tercer mandamiento: "No tomarás el nombre de Dios en vano". En hebreo, este mandamiento significa algo así como "no vaciarás el nombre de Dios de su contenido".
2. La otra opción es jurar por algo más, lo cual Jesús ya prohibió, porque desplaza a Dios como el testigo supremo.

Los juramentos surgieron por la necesidad de una generación caída, debido a lo que afirma el Salmo 116:11: "Todo hombre es mentiroso". El salmista expresa esto porque los seres humanos, de manera natural, tienden a:

- negar lo que saben que es verdad,
- incumplir lo que conocen acerca de la verdad,
- ocultar la verdad en sus acciones,
- tergiversar la verdad,
- acomodar la verdad,
- diluir la verdad,
- alejarse de la verdad,
- encubrir la verdad,
- y actuar de una forma frente a unos y de otra forma frente a otros.

Esto último es clave en el caso de los doble espías, quienes aparentan estar bien con ambos bandos mientras mienten a los dos. A cada lado le hacen creer que están trabajando para ellos. Lo menciono porque he oído hablar de una serie que narra la historia de un doble agente que trabajó para Israel y Egipto, y ambos países creían que el agente les pertenecía. Esa historia refleja la esencia de la maldad del corazón humano. No necesitamos ir a la universidad para aprender a mentir; nacemos ya con un "doctorado" en eso. Nos sale de manera natural, a menos que Dios haga un trabajo profundo y extraordinario en nuestra naturaleza.

En la época de Jesús, según el académico William Barclay, había dos tipos de juramentos:

1. Un tipo de juramento frívolo en el que la persona decía algo como "te lo juro por lo que más quiero" en medio de una conversación común.
2. Juramentos evasivos que evitaban mencionar el nombre de Dios para justificar el incumplimiento del juramento.[53] En ese contexto, leemos que Jesús prohibió jurar por el templo, por la tierra, por Jerusalén o por cualquier otra cosa.

Leamos ahora esta severa denuncia de Jesús en Mateo 23:16-22:

"¡Ay de ustedes, guías ciegos! Porque dicen: 'No es nada si alguien jura por el templo; pero el que jura por el oro del templo, contrae obligación'. ¡Insensatos y ciegos! Porque, ¿qué es más importante: el oro, o el templo que santificó el oro? También *ustedes dicen:* 'No es nada si alguien jura por el altar; pero el que jura por la ofrenda que está sobre él, contrae obligación'. ¡Ciegos! Porque ¿qué es más importante: ¿la ofrenda, o el altar que santifica la ofrenda? Por eso, el que jura por el altar, jura por él y por todo lo que está sobre él; y el que jura por el templo, jura por él y por Aquel que en él habita; y el que jura por el cielo, jura por el trono de Dios y por Aquel que está sentado en él".

Con estas palabras, Jesús conecta todo juramento con Dios, porque de Jehová es la tierra y su plenitud. Ni los objetos ni los bienes materiales pueden obligar a nadie a cumplir un voto. Solo Dios es testigo universal. Los fariseos cumplían externamente con la ley de Moisés, pero sus corazones violaban constantemente la ley de Dios. Cristo los llamó hipócritas. Lo más grave es que llegaron a sentirse cómodos viviendo en violación de la ley de Dios, mientras aparentaban cumplirla externamente. Sin embargo, Dios conoce la realidad de nuestros corazones.

---

[53] William Barclay, *Mateo, Vol I; Comentario al Nuevo Testamento* (Barcelona: Editorial Clie, 1995), p. 186.

Jesús no estaba negando la práctica de los votos y los juramentos. Los votos eran un ejemplo de lo que Jesús estaba confrontando. Su verdadero objetivo era atacar el problema de la falta de veracidad en el corazón del ser humano. Si este mundo no estuviera caído, los hombres hablarían con la verdad y no existirían los juramentos ni los votos. Todas estas distorsiones a las que Jesús se enfrentaba no eran más que engaños, intentos de las personas por aparentar ser mejores de lo que realmente eran.

Santiago escribió: "Antes bien, sea el sí de ustedes, sí, y su no, no, para que no caigan bajo juicio." Y Jesús había dicho: "Antes bien, sea el hablar de ustedes: "Sí, sí" o "No, no"; porque lo que es más de esto, procede del mal" (Mt 5:37).

Con esto, Jesús decía: sé veraz, y que tus palabras demuestren que eres una persona veraz, sin nada que ocultar, nada que temer y nada que demostrar. El hombre no tiene en sí mismo la veracidad ni el poder para cumplir sus promesas hasta que Dios lo capacita. Esto sucede cuando la aprobación de Dios se vuelve más importante que la aprobación de los hombres. En otras palabras, tendemos a ocultar nuestro verdadero comportamiento o cómo somos por dentro. ¿Y dónde comenzó esto? Esta historia la conocemos muy bien: comenzó en el jardín del Edén. Ante cualquier evento y circunstancia, el problema principal es nuestro corazón.

Recordemos lo que hemos dicho antes: no importa cuán malas sean mis palabras o acciones, mi corazón siempre es mucho peor. Y no importa cuán bien suenen mis palabras o parezcan mis acciones, mi corazón (y el tuyo) nunca es tan bueno como aparentamos. En cierto modo, el corazón es el tema central de toda la carta de Santiago. La cruz es el símbolo de nuestra infidelidad y de nuestra incapacidad para cumplir promesas.

Por eso, Cristo dijo que no confiaba en los hombres, porque conocía sus corazones. Es como si hubiera dicho: "Yo conozco sus corazones y sé que son infieles e incapaces de cumplir promesas". La negación de Pedro confirmó lo que Jesús había enseñado con sus palabras.

Habiendo examinado ya Santiago 5:12, que parece estar desconectado, como ya mencionamos, veamos los dos últimos versículos:

"Hermanos míos, si alguien de entre ustedes se extravía de la verdad y alguien le hace volver, sepa que el que hace volver a un pecador del error de su camino salvará su alma de muerte, y cubrirá multitud de pecados". (Santiago 5:19-20)

En el texto, Santiago comienza diciendo "hermanos míos", lo que indica que se refiere a cristianos. Luego añade: "...si alguien de entre ustedes se extravía de la verdad...". La verdad es una persona. Recordemos que Jesús dijo: "Yo soy la verdad". La verdad es:

- aquello que Jesús es;
- aquello que Él representa;
- aquello que Él enseñó;
- aquello que Él vivió.

Santiago estaba preocupado por hermanos en la fe que se habían dejado arrastrar por los deseos de la carne, habían sido seducidos por las ofertas del mundo o habían sido desviados por las influencias del enemigo.

Cuando algo así ocurre, hay dos opciones: ignorar al extraviado y dejarlo ir, permitiendo que sufra las consecuencias de su pecado, lo cual no sería conforme al amor; o aplicar la gracia, hablar con el hermano que se ha alejado de la verdad y que ahora está practicando el pecado. Lo aconsejamos, le advertimos, lo confrontamos en amor e incluso salimos a buscarlo. Si verdaderamente es un hermano, dejarlo ir no es una opción. El principio de la gracia no me lo permite, especialmente después de que Jesús viniera a buscarme y me hubiera llamado a mí en más de una ocasión.

Recuerda que Santiago comienza el versículo 19 diciendo: "Hermanos míos...". Por tanto, Santiago se refiere a una comunidad de creyentes que tienen la obligación de honrar el Evangelio por medio del cual fueron salvados. Santiago nos ayuda a ver la ventaja de hacer volver al hermano, pues en 5:20 dice: "sepa que el que hace volver a un pecador del error de su camino salvará su alma de muerte, y cubrirá multitud de pecados".

La última consecuencia de extraviarse de la verdad es la destrucción del alma. Pedro se alejó de la verdad momentáneamente al negar a Jesús, pero pronto regresó. Judas se extravió de la verdad al vender a Jesús y se perdió para siempre.

Desviarnos de la verdad no es algo menor. El extravío a menudo provoca daños personales, daños a otros, al matrimonio o a la familia, ya sea en el presente o en el futuro, porque muchas veces las consecuencias se extienden a la siguiente generación, como vemos en la familia de David. Si logramos hacer volver a la persona al camino de la verdad, como indica Santiago, cubriremos multitud de pecados. Esto no significa que escondemos los pecados, sino que, cuando el pecador se arrepiente de verdad, la gracia de Dios en Cristo perdona y cubre sus pecados, restaurándolo en el camino de la verdad.

Cristo habló de algo similar en Mateo 18:15 cuando dijo: "Si tu hermano peca, ve y repréndelo a solas; si te escucha, has ganado a tu hermano". Y en el versículo16 añade: "Pero si no *te* escucha, lleva contigo a uno o a dos más...". La idea es procurar que la persona vuelva y minimizar las consecuencias.

Este es el mismo principio que encontramos en Gálatas 6:1: "Hermanos, aun si alguien es sorprendido en alguna falta, ustedes que son espirituales, restáurenlo en un espíritu de mansedumbre, mirándote a ti mismo, no sea que tú también seas tentado". La comunidad de creyentes debe entender que terminar bien la carrera es una responsabilidad de todos. Por tanto, cuando vemos a un hermano que no está caminando o corriendo bien, nosotros, que hemos recibido el Espíritu, tenemos la obligación de ayudarlo a levantarse para que vuelva a correr bien. ¿Quién debe hacer esto? Según Santiago 5:19-20, cualquiera de nosotros en la comunidad de creyentes. En Gálatas, este trabajo de buscar y restaurar al hermano corresponde a aquellos que son más espirituales, los más maduros en la fe, aquellos en quienes el Espíritu de Dios ha obrado por más tiempo y con mayor intensidad. Pero notemos que no es solo tarea de pastores, ancianos o de diáconos.

Según Gálatas 6:1, ¿qué debemos hacer? Restaurarlo. Fíjate en que el verbo está en plural: Restáurenlo. ¿Quiénes? La comunidad de creyentes, especialmente los más maduros. ¿Cómo debemos hacerlo? Con un espíritu de mansedumbre, no de forma airada, ni con vergüenza ni sarcasmo. Agustín, en el siglo IV-V, decía en su comentario sobre Gálatas 6:1 que "no había mejor prueba de la espiritualidad de una persona que cómo trataba el pecado de otro".[54] Comparemos la falta de misericordia de los fariseos con la gracia de Cristo hacia los pecadores.

Es importante hacer una aclaración antes de concluir: la gracia que permite que un hermano sea perdonado y restaurado no es una gracia barata. Recientemente leí que la gracia barata te dice: "Ya tú has sido perdonado, puedes seguir jugando con el pecado". La verdadera gracia te afirma: "Ya has sido liberado, puedes huir del pecado". La gracia barata dice: "Pecaré hoy, pero me arrepentiré mañana". La verdadera gracia te dice: "Has sido perdonado hoy, procura no volver a pecar mañana".

La misericordia que Dios te tiene hoy se aplica para que no vuelvas a pecar. Jesús le dijo a la mujer sorprendida en adulterio: "Yo tampoco te condeno. Vete; y desde ahora no peques más" (Jn 8:11). Aquellos que hemos recibido gracia sobre gracia debemos extenderla a los demás. Por lo tanto, la restauración debe hacerse con mansedumbre, nunca con un aires de superioridad. De ahí que la recomendación final de Gálatas 6:1 sea procurar restaurar al otro: "...mirándote a ti mismo, no sea que tú también seas tentado".

Debo mirarme a mí mismo porque yo también:

- he pecado;
- he sido perdonado cientos de veces;
- he recibido gracia sobre gracia de parte de Dios;
- he sido restaurado y me han vuelto al camino correcto;
- necesitaré ser perdonado en el futuro;
- y he recibido la palabra de la reconciliación para contribuir a reconciliar a otros con Dios, porque "Dios estaba en Cristo reconciliando al mundo con Él mismo, no tomando en cuenta a los hombres sus transgresiones, y nos ha encomendado a nosotros la palabra de la reconciliación" (2 Co 5:19).

---

[54] Agustín, *Epistle to the Galatians* 56 (1B.6.1) sobre Gá. 6:1; Edwards, citado por Craig S. Keener en *Galatians*.

¿Por qué debo verme a mí mismo? "...no sea que tú también seas tentado" (Gá 6:1b).

Con razón decía el apóstol Pablo "... el que cree que está firme, tenga cuidado, no sea que caiga" (1 Co 10:12). Cuando condenamos a otros por el mismo pecado del que nosotros somos culpables, muchas veces Dios permite nuestra caída para que aprendamos a ser más humildes y menos condenadores. Con estas palabras, Santiago cierra su carta de manera algo abrupta, quizá.

Al principio mencioné que la carta de Santiago se parece mucho al libro de Proverbios, ya que parece abordar varios temas distintos, a veces dando la impresión de que no guardan relación entre sí. Sin embargo, al inspeccionarlos más de cerca, vemos que Santiago llama al creyente a poner fin a una vida de duplicidad. El creyente debe tratar de imitar a Dios, tal como Pablo nos exhorta en Efesios 5:1. El llamamiento de Santiago es a vivir una vida coherente con la verdad, lo que forma un carácter íntegro.

Al inicio del capítulo uno, Santiago nos llama a considerar como un sumo gozo el pasar por diversas pruebas, ya que esas pruebas son las que nos llevan a formar un carácter maduro. Inmediatamente después, nos exhorta a no ser de doble ánimo, porque de esa manera no recibiremos nada de parte de Dios. Finalmente, nos recuerda que, cuando somos seducidos y caemos en el pecado, somos los únicos responsables, porque es la condición de nuestro corazón lo que nos lleva a ello.

En el capítulo dos, Santiago nos enseña que el favoritismo y la discriminación no deben tener cabida en la vida del cristiano. Del mismo modo, decir que tenemos fe mientras ignoramos las necesidades reales de nuestros hermanos en la fe es vivir de manera hipócrita. Para Santiago, la fe está inseparablemente unida a las obras, no como medio de salvación, sino como evidencia de que ya somos salvos.

En el capítulo tres, Santiago nos recuerda que nuestro hablar refleja la condición de nuestros corazones. Por lo tanto, debemos buscar la sabiduría que viene de lo alto y abandonar la sabiduría del mundo, si queremos vivir de manera coherente.

En el capítulo cuatro, Santiago aborda con firmeza la realidad de que muchos desean la amistad del mundo y, al mismo tiempo, la amistad de

Dios, pero esa duplicidad es imposible. También nos recuerda que en todo momento necesitamos depender de la voluntad de Dios, incluso a la hora de planificar el futuro.

El capítulo cinco, Santiago nos advierte del grave pecado que supone para Dios cuando retenemos el salario de nuestros obreros o cometemos injusticias contra otros mientras vivimos en el lujo.

Finalmente, Santiago, nos recuerda la necesidad de perseverar en medio del dolor, no solo para terminar bien, sino también porque tenemos la certeza de que seremos recompensados al final.

El llamado final de la carta es a restaurar al hermano que se ha alejado de la fe, reconociendo que tenemos la responsabilidad de levantar al caído para que pueda llegar a la meta, porque no corremos como llaneros solitarios, sino como parte de un cuerpo, "porque somos miembros los unos de los otros". No lo olvides:

¡Él dio su vida por nosotros!

"Por tanto, hermanos, les ruego por las misericordias de Dios que presenten sus cuerpos como sacrificio vivo y santo, aceptable a Dios, que es el culto racional de ustedes. Y no se adapten a este mundo, sino transfórmense mediante la renovación de su mente, para que verifiquen cuál es la voluntad de Dios: lo que es bueno y aceptable y perfecto". (Ro 12:1-2)

"Porque de Él, por Él y para Él son todas las cosas. A Él *sea* la gloria para siempre. Amén". (Ro 11:36)

BIBLIOGRAFÍA

American Worldview Inventory 2024 (Release #3), George Barna, director del Cultural Research Center en Arizona Christian University.

Mahaney, C. J., ed. *Worldliness*. Wheaton: Crossway Books, 2008.

Blomberg, Craig L., y Mariam J. Kamell. *James. Exegetical Commentary on the New Testament*. Grand Rapids: Zondervan, 2008.

Keener, Craig S. *Galatians*. Grand Rapids: Baker Academic, 2019.

McCartney, Dan G. *James. Baker Exegetical Commentary on the New Testament*. Grand Rapids: Baker Academic, 2009.

Doriani, Daniel M. *James*. Phillipsburg: P&R Publishing, 2007.

Moo, Douglas J. *The Letter of James*. Grand Rapids: William B. Eerdmans Publishing Company, 2000.

Moo, Douglas J. *The Letter of James*. Grand Rapids: William B. Eerdmans Publishing Company, 2000.

Bounds, E. M. *On Prayer: The Complete Works*. Grand Rapids: Baker Books, 1990.

Duguid, Iain M. *Numbers*. Wheaton: Crossway Books, 2006.

Piper, John. Prólogo de *Overcoming Sin and Temptation: Three Classic Works by John Owen*. Versión Kindle. Wheaton: Crossway, 2006.

Stott, John W. *Christian Counter-Culture*. Downers Grove, IL: InterVarsity Press, 1978.

Kapic, Kelly M. "Life in the Midst of Battle: John Owen's Approach to Sin, Temptation, and the Christian Life". Introducción a *Overcoming Sin and Temptation: Three Classic Works by John Owen*. Versión Kindle. Wheaton: Crossway, 2006.

Hughes, Kent. *Acts: The Church Afire*. Versión Kindle. Wheaton: Crossway, 1996. Loc. 781 de 6973.

Morris, Leon. *The First and Second Epistles to the Thessalonians*. The New International Commentary on the New Testament. Grand Rapids: William B. Eerdmans Publishing Company, 1989.

Rogers, Mark. "Jonathan Edwards, Revival, and the Necessary Means of Prayer". *Revista IX Marks*.

Singer, Peter. *Practical Ethics*. Nueva York: Cambridge University Press, 3.ª ed., 2011.

Sproul, R. C. *Can I Know God's Will?*. Versión Kindle. Orlando: Reformation Trust, 2009.

Melville, Herman. *Redburn. The Complete Works of Herman Melville*. Versión Kindle.

Strong, James. *Nueva Concordancia Strong Exhaustiva*. Nashville, TN: Editorial Caribe, Inc., 2002.

Cooper, Terry. *Making Judgments Without Being Judgmental*. Downers Grove, IL: IVP, 2006.

Johnson, Terry L. *The Excellencies of God*. Grand Rapids: Reformation Heritage Books, 2022.

Manton, Thomas. *James*. Wheaton: Crossway Books, 1995.

Schreiner, Thomas R. *Romans*. Baker Exegetical Commentary on the New Testament. Grand Rapids: Baker Academic, 1998.

Watson, Thomas. *The Lord's Prayer*. Versión Kindle.

Wiersbe, Warren. *The Bible Exposition Commentary*. Vols. 1 y 2. Wheaton: Victor Books, 1989.

Barclay, William. *Mateo*. Vol. I. *Comentario al Nuevo Testamento*. Barcelona: Editorial Clie, 1995.

¿HAS LEÍDO ALGO BRILLANTE Y QUIERES CONTÁRSELO AL MUNDO?

Ayuda a otros lectores a encontrar este libro:

- Publica una reseña en nuestra página de Facebook **@VidaEditorial**

- Publica una foto en tu cuenta de redes sociales y comparte por qué te agradó.

- Manda un mensaje a un amigo a quien también le gustaría, o mejor, regálale una copia.

¡Déjanos una reseña si te gustó el libro! ¡Es una buena manera de ayudar a los autores y de mostrar tu aprecio!

Visítanos en **EditorialVida.com** y síguenos en nuestras redes sociales.